Hexen-kräuter

Der Almanach

Maria May

Hexen-
kräuter

Der Almanach

Einleitung

Traurig, aber wahr: Unser Kräuterwissen ist ziemlich verkümmert

Wenn wir heute von Kräutern sprechen, meinen wir damit die wenigen kümmerlichen Pflänzchen, die wir direkt aus dem Supermarktregal oder dem Tiefkühlfach in unseren Salat streuen.
Das ist ziemlich traurig, denn wir leben in einer der reichhaltigsten Kräuterregionen der Erde – nur kennt diese unglaubliche Vielfalt heute kaum noch jemand.

Frag doch einfach mal einige Freunde und Bekannte, wie viele Kräuter sie dir aus dem Stehgreif aufzählen können.
Ich bin Hexe und keine Hellseherin, aber ich kann dir das Ergebnis dieser Umfrage trotzdem recht präzise voraussagen: außer Petersilie und Schnittlauch, Basilikum, Rosmarin und Oregano, Majoran und vielleicht noch Knoblauch wirst du nicht viel zu hören bekommen.

Vor langer Zeit war das noch ganz anders: Eigentlich kannte damals bereits jedes Kind zwei Dutzend der wichtigsten Kräuter und ihre Wirkung.
Um zu verstehen, weshalb das Kräuterwissen früher sehr viel ausgeprägter war als heute, müssen wir ein wenig in die Geschichte zurückblicken, genauer gesagt ins hohe Mittelalter.

Das Mittelalter war keine schöne Zeit!

Natürlich kennst auch du die wunderschönen Märchenfilme, in denen es vor herrlichen Schlössern, hübschen Burgfräulein und edlen Rittern in strahlenden Rüstungen nur so wimmelt. Ich muss zugeben, dass ich auch ein großer Fan solcher Filme bin, obwohl ich weiß, dass dieses Bild des Mittelalters ziemlich falsch ist.

Das hohe Mittelalter, also die Zeitspanne von etwa 900 bis 1300 n. Chr., war nämlich alles andere als nett und harmlos, und vom Prunk und Glanz, den uns die Märchenfilme zeigen, fehlte jede Spur.

Die schillernden Königsschlösser im Film waren in Wirklichkeit zugige Steinhaufen, die anstatt großzügiger Fenster nur winzige Gucklöcher besaßen. Weil man damals kaum Glas zur Verfügung hatte (und für Fenster schon gar nicht!), hängte man die Fensteröffnungen in der kalten Jahreszeit einfach mit Tierfellen zu. Um die Dunkelheit der Häuser ein wenig zu erhellen, hatte man noch keine Kerzen, sondern nur trübe Talglichter oder Pechfackeln, die wenig Licht gaben, dafür aber ziemlich stark qualmten und stanken.

Geschlafen wurde auch nicht in üppigen Gemächern voller Samt und Seide, sondern meist auf schimmeligen Strohschütten in einem zentralen Wohnraum, möglichst nahe an der Feuerstelle.

Beheizt wurde diese Feuerstelle, die gleichzeitig auch als Herd diente, meist mit feuchtem Holz oder Torf – den entsetzlichen Qualm und Gestank in einer solchen Behausung können wir uns heute gar nicht mehr vorstellen!

Auch unsere Vorstellung einer damaligen Speisekarte ist völlig falsch. Statt gebratener Kapaune in Buttersoße, gefüllter Täubchen vom Spieß, Stopfleberpasteten, herrlicher Torten und lieblicher Rotweine standen nämlich vorwiegend Graupensuppen oder Hirsebrei auf dem täglichen Speisezettel.

Fleisch war eine begehrte Kostbarkeit, die nur von wohlhabenden Leuten und an hohen Feiertagen verspeist wurde. Um das Fleisch haltbar zu machen, gab es nur zwei Möglichkeiten: in Salz einlegen (Salz war so kostbar, dass man es danach für andere Speisen weiterverwendete!) oder räuchern. Die Menschen aßen also entweder völlig versalzenes Dörrfleisch oder das mit einer dicken Schicht Ruß bedeckte Rauchfleisch – beides nicht gerade die gesündesten und schmackhaftesten Lebensmittel.

Getrunken wurde auch meist kein köstliches, frisch glitzerndes Wasser aus sprudelnden Quellen, sondern abgestandenes, bräunliches und morastig riechendes Wasser aus dem eigenen Brunnen.

In die Kleiderschränke der damaligen Burgherren würde heute wohl niemand von uns einen Blick werfen wollen. Selbst sehr wohlhabende Menschen hatten nur zwei bis drei Garnituren Kleidung – eine für die Wochentage und eine für Feier- und Festtage. Unterwäsche, wie wir sie kennen, gab es damals nicht – Männer wie Frauen trugen so genannte „Beinlinge", eine Art Strumpfhose aus sehr grobem Wollstoff. Dass diese Beinlinge nicht besonders häufig gewaschen wurden, kann man sich denken – Seife war nämlich größtenteils noch unbekannt oder unbeschreiblich teuer.

Aber auch die Besitzer der Beinlinge waren eher wasserscheu, gewaschen wurde sich deshalb höchstens einmal im Monat. Dazu stiegen sämtliche Burgbewohner nacheinander und meist samt Kleidung in einen Bottich warmen Wassers und versuchten, sich Dreck und Ungeziefer vom Körper zu schrubben. Der Hausherr durfte aufgrund seiner hohen Stellung dabei als Erster in das noch halbwegs warme und saubere Wasser.

Doch wer sich nicht ausreichend wäscht, leidet schnell an Ungeziefer, und so ist es kein Wunder, dass fast alle Menschen (egal ob Bauer oder Königin) voller Flöhe, Läuse und Zecken waren, die wiederum alle möglichen Krankheiten übertrugen.

Der leidenschaftliche Kuss einer Prinzessin sieht zwar im Film wahnsinnig romantisch aus – ganz bestimmt würde sie aber heutzutage niemand küssen wollen, denn so wenig wie es Zahnbürsten gab, so wenig gab es Zahnärzte. Deshalb hatten viele Menschen schon im Alter von 20 Jahren nur noch wenige Zähne, die eher braun und fleckig als weiß und strahlend waren. Zahnschmerzen gehörten zum täglichen Leben dazu – genauso wie ein ziemlich schlechter Mundgeruch.

Alles in allem war das hohe Mittelalter also eine Zeit, die für die damaligen Menschen alles andere als leicht und unbeschwert war. Sie hatten gegen den täglichen Hunger, viele Krankheiten und ihren größten Feind, die Natur, zu kämpfen. Dieser größte Feind gab ihnen aber gleichzeitig auch wirksame Waffen gegen Krankheiten und Mangelerscheinungen in die Hand: die Kräuter. In den Händen ausgebildeter Hexen ließen sich damit viele der Beschwerden heilen oder zumindest lindern.

Wir wissen heute, dass die Männer und Frauen dieser Zeit sehr viel näher an und mit der Natur lebten, als wir das heute tun. Kein Wunder, denn damals wohnten viele Menschen, besonders in ländlichen Gegenden, in wirklich erschreckend einfachen Verhältnissen – nicht selten in primitiven Stroh- und Holzhütten inmitten ausgedehnter Waldgebiete.

Solche mehr oder weniger „wilden" Ansiedlungen in Wäldern oder Waldrandgebieten hatten ihren Grund, denn in Städten durfte sich nicht jedermann einfach so niederlassen – besonders dann nicht, wenn man nur Bauer oder Tagelöhner und kein qualifizierter Handwerker war.

Logischerweise waren diese Menschen in ihren recht armseligen Behausungen der Natur und all ihren manchmal recht grausamen Launen weit mehr ausgesetzt als die Städter, die bereits seit dem 11. Jahrhundert in verhältnismäßig komfortablen Steinhäusern residierten.

Das war auch der Grund für häufige Erkrankungen und eine im Vergleich zu den Städtern niedrigere Lebenserwartung. Wer der Witterung fast schutzlos ausgeliefert war und zudem über keine gute Kleidung verfügte, erkrankte sehr viel schneller, wobei Husten, Schnupfen und grippale Infekte zwar ständiger Begleiter, aber noch die kleinsten Übel waren.

Die Menschen dieser Epoche litten vor allem unter Rheuma und Gicht, unter chronischen Entzündungen und den Folgen des Genusses verdorbener Lebensmittel und keimbelasteten Wassers.
Kleine Alltagsverletzungen wie Schnitt- oder Stichwunden führten zu oft tödlichen Infektionen, und eine Schmerzbehandlung, wie wir sie heute kennen (also etwa bei Zahnschmerzen), existierte überhaupt nicht.
Rund ein Drittel aller Säuglinge starb entweder direkt nach der Geburt oder noch im Laufe des ersten Lebensjahres. Dramatisch war auch die Müttersterblichkeit – das so genannte Kindbettfieber kostete fast ein Viertel der Mütter in den ersten Tagen nach der Geburt das Leben.
Da dem größten Teil der Bevölkerung keinerlei ärztliche Hilfe zur Verfügung stand, blieb im Grunde nur die „Hilfe zur Selbsthilfe". Schon Kinder lernten die wichtigsten Kräuter kennen und wussten, zu welchen Jahreszeiten sie wuchsen und wo sie zu finden waren.

Den Hexen mit ihren sehr umfangreichen Kenntnissen über Pflanzen und Kräuter des Waldes kam dabei die entscheidende Rolle zu.
Sie ahnten, dass es die häufig so primitiven Lebensverhältnisse waren, die die Menschen krank machten, die schlechte und einseitige Ernährung und die mangelnde Hygiene. Mithilfe dieses Wissens entwickelten die Hexen deshalb nicht nur Heil- und Linderungsmittel, sondern auch unzählige Rezepte zur Vorbeugung bestimmter Krankheiten.

Der heute schon fast vergessene Holundersaft zum Beispiel fand schon bei den keltischen Hexen und Druiden, die vor rund 3000 Jahren lebten, Verwendung. Sie wussten zwar noch nicht, dass es Viren waren, die im Herbst und Winter für Husten und Schnupfen sorgten, und kannten auch nicht die wissenschaftliche Wirkung der Vitamine, aber sie merkten, dass die Menschen sehr viel seltener erkältet waren, wenn sie ab dem Spätsommer regelmäßig Holundersaft tranken.

Die Hexen als frühe Heilpraktikerinnen

All das Wissen um die Heilwirkung der Kräuter war zu dieser Zeit noch nicht konzentriert vorhanden, sondern verteilte sich auf viele Menschen. Jeder wusste ein wenig davon, aber kaum jemand konnte alles Wissen auf sich vereinen.

Eine Ausnahme bildeten unsere frühen Hexenvorfahren. Sie konnten – und das war im 14. Jahrhundert alles andere als gewöhnlich – häufig lesen und schreiben. So führten sie die von ihren Müttern, Großmüttern und Urgroßmüttern geerbten Kräuterbücher fort, ergänzten und verbesserten sie und verfügten nach Jahrhunderten über ein für damalige Zeiten unglaublich großes Wissen über Heilkräuter. Die Hexen waren mit ihrem Kräuterwissen also eine Art Ärztinnen des Mittelalters – man könnte sie fast mit den heutigen Heilpraktikern vergleichen.

Die ersten Kräuterbücher

Es vergingen einige Jahrhunderte, in denen sich die Lebensumstände der Menschen nicht besonders verbesserten. Immer noch lebte der größte Teil der Bevölkerung in bitterer Armut, litt an Hunger und an vielen Krankheiten. Eines aber hatte sich sehr verändert: Die Kirche begann, immer wichtiger und mächtiger zu werden.

Je weiter sich der christliche Glauben verbreitete, desto schwerer hatten es die Hexen, denn die Kirche sah in ihnen eine Bedrohung. Ihr Wissen um die Zusammenhänge der Natur und die Macht der Kräuter brachte die Hexen immer mehr in Bedrängnis. Konnten sie einem Menschen mit ihrem Wissen helfen, hieß es, das wäre Teufelswerk – hatten ihre Bemühungen einmal keinen Erfolg, war das ebenfalls ein Zeichen für einen bösen Zauber.

So begann die schreckliche Zeit der Hexenverfolgung, die viele unschuldige Frauen das Leben kostete.

Obwohl die Kirche nach außen vorgab, das Wissen der Hexen zu verurteilen, nutzte sie gleichzeitig deren über Jahrhunderte erworbene Kenntnisse für sich: In den Klöstern wurde mit Kräutern experimentiert, und bald kannten die Mönche einige der wichtigsten Kräutergeheimnisse. Was sie nicht wussten, das wurde den Hexen unter der Folter entlockt, und so mussten sie Stück für Stück ihre Geheimnisse preisgeben.

Während die Hexen also geradezu ausgerottet wurden, ging ihr bis dahin geheimes Kräuterwissen nach und nach in die klösterlichen Kräuterbücher über. Der nach wie vor meist bettelarmen Bevölkerung ging es damit noch schlechter – ihre „Ärztinnen", die Hexen, gab es nicht mehr, und der Weg bis ins nächste Kloster war oft zu weit.

Abgesehen davon gab es in den meisten Klöstern auch keine Ärzte, sondern nur halbwegs kräuterkundige Mönche.

Als die Medizin dann immer größere Fortschritte machte, verschwanden die Kräuter langsam, aber sicher aus dem Bewusstsein der Menschen. Zum Glück hat sich das heute wieder geändert. Ärzte und Wissenschaftler haben erkannt, dass in den oft verschmähten Kräutern immer noch viele unerforschte und heilsame Geheimnisse schlummern!

In diesem Buch habe ich dir die wichtigsten unserer Hexenkräuter zusammengestellt. Ich zeige dir, wann du die Kräuter einsetzt und auf was du dabei achten musst.

Ich wünsche dir viel Glück und Erfolg bei deiner Kräuterarbeit und vergiss nicht: Wann immer du einmal nicht weiterkommst oder Fragen zu bestimmten Kräutern hast, kannst du mich unter der E-Mail-Adresse maria-may@usa.net erreichen!

Deine Maria May

Das musst du beim Umgang mit Kräutern beachten

Wenn du die verschiedenen Kräuter und ihre Wirkungen kennst, ist es einfach, erfolgreich mit ihnen zu arbeiten.
Ein paar wichtige Dinge musst du dabei allerdings beachten. Ich gebe dir deshalb die wichtigsten Kräuterregeln genauso wieder, wie ich sie von meiner Mutter gelernt habe und diese wiederum von ihrer Mutter.

● Die Natur schafft nie zwei exakt gleiche Dinge, sondern gibt jedem Lebewesen ganz individuelle Eigenschaften. So ist auch jede Pflanze verschieden – selbst zwei Individuen der gleichen Art.
Jedes Blatt und jede Wurzel enthält eine andere Menge der Wirkstoffe, so dass kein Tee bzw. Umschlag exakt die gleiche Wirkung hat.

● Es gibt mehrere Gründe, weshalb du Kräuter nicht selbst sammeln, sondern in einem Kräuterfachgeschäft oder einer Apotheke kaufen solltest. Zum einen kannst du dann sicher sein, niemals versehentlich ein ähnlich aussehendes, aber giftiges Kraut zu verwenden. Zum anderen ist es – besonders in Städten – fast unmöglich, Kräuter zu finden, die nicht von Autoabgasen, Straßenschmutz, Unkrautvernichtungsmitteln oder Dünger verunreinigt sind. Wenn diese Substanzen mit in deine Rezepte gelangen, vermindern sie die Wirkung der Kräuter und können zudem zu weiteren Erkrankungen führen. Einige wenige Kräuter und Pflanzen kannst du unter bestimmten Voraussetzungen jedoch selbst sammeln – an den entsprechenden Stellen im Buch zeige ich dir, welche das sind und auf was du dabei achten solltest.
Eine Alternative ist es, die Kräuter selbst zu ziehen. Adressen und Anzuchthinweise findest du auf Seite 125-127.

● Alles, was heilt, kann auch Schaden anrichten, und der Spruch „Viel hilft viel" ist nicht nur falsch, sondern auch sehr gefährlich! Die Dosierung entscheidet darüber, ob ein Kraut ein Leiden lindert oder es sogar verstärkt. Eine Tasse Salbeitee täglich hilft beispielsweise bei Magenschmerzen und Durchfall – fünf Tassen verstärken die Symptome dagegen. Halte dich deshalb strikt an meine Vorgaben und verwende niemals eine höhere Dosis, als ich sie angebe. Du würdest die Heilung damit nicht verstärken und beschleunigen, sondern das genaue Gegenteil erreichen!

● Wähle deine Kräuter mit Bedacht und überlege dir vorher sehr genau, welches Kraut du gegen welches Leiden einsetzen willst. Mische niemals unterschiedliche Kräuter, weil du glaubst, deren unterschiedliche Wirkungen miteinander kombinieren zu können. Viele Kräuter wirken giftig, wenn du sie mischst, andere wiederum heben sich in ihrer Wirkung gegenseitig auf, wenn sie gemeinsam verwendet werden. Natürlich gibt es auch bei dieser Regel einige Ausnahmen – ich zeige dir im jeweiligen Fall, welche das sind.

● Sei sehr genau und penibel bei der Diagnose eines Leidens. Nur wenn du das Wesen der Erkrankung kennst, kannst du auch das richtige Gegenmittel einsetzen. Sieh dir das Krankheitsbild lieber einmal zu oft als einmal zu wenig an, um sicher zu sein!

● Bist du bei der Verwendung und Wirkung eines Krautes nicht sicher, setze es nicht ein! Du darfst nur Kräuter nehmen, deren Wirkung du genau kennst und abschätzen kannst. Scheue dich nicht, in einer Apotheke nachzufragen, wenn du einmal nicht weiter weißt.

● Sei geduldig und übereile die Heilung oder Linderung eines Leidens nicht. So wie eine Krankheit Zeit braucht, um sich zu entfalten, so brauchen die Kräuter ihre Zeit, um sie zu bekämpfen.

● Kräuter sind mächtige Werkzeuge, aber sie haben ihre Grenzen und können nicht jede Erkrankung heilen. Diese Grenzen musst du kennen und respektieren.

● Kräuter ersetzen niemals einen Arzt! Versuche deshalb auch nicht, eine ernsthafte Erkrankung ausschließlich mit Kräutern zu heilen oder zu lindern, sondern sprich immer zuerst mit deinem Arzt. Oft wird behauptet, Ärzte würden die Naturheilkunde für Unsinn halten und ablehnen – das stimmt nicht! Immer mehr und besonders junge Ärzte besinnen sich auf die Kräfte der Natur und nutzen sie für ihre Behandlungen. Stimme dich also immer mit deinem Arzt ab, damit seine Medikamente und deine Kräuter nicht gegeneinander, sondern zusammen arbeiten!

Wichtig: Nach drei Tagen sollte eine Besserung der Erkrankung eingetreten sein. Ist dies nicht der Fall oder hat sich die Erkrankung noch verschlimmert, musst du unbedingt einen Arzt aufsuchen.

● In einigen Rezepten, die ich dir in diesem Buch zeige, kannst du Kräuter in alkoholischen Aufgüssen anwenden. Denke dabei bitte immer daran, dass diese Rezepte auf keinen Fall für Kinder, Jugendliche und schon gar nicht für Schwangere geeignet sind! Und noch etwas: Wenn du einen anderen Menschen mit einem solchen Aufguss behandeln möchtest, stelle bitte vorher sicher, dass er keine Alkoholprobleme hat oder hatte und Alkohol trinken darf. Bist du dir dabei einmal unsicher, so verzichte auf den alkoholischen Aufguss und verwende stattdessen Tee!

Das Weiheritual

Um deinen Pflanzen zusätzliche Kraft zu verleihen, kannst du sie, bevor du sie nutzt, mit Hilfe des Mondes weihen. Der Mond hat dabei die Funktion eines Mittlers, der es dir ermöglicht, Teile deiner persönlichen magischen Energie auf die Pflanzen zu übertragen. Du musst auf keine bestimmte Mondphase warten; es reicht, wenn das Mondlicht in dein Zimmer fällt, in das du zu Beginn des Rituals deine Kräuter stellst.

Quarzsteine sind nicht unbedingt notwendig, da sie aber die positive Energie anziehen, helfen sie dir sicher, wenn du sie neben die Töpfe deiner Pflanzen legst.

Du schaust nun in das hereinfallende Mondlicht und bittest den Mond, seine Energie mit dir zu teilen. Höre auf dein Inneres und formuliere die Bitte, wie es dir gerade in den Sinn kommt. Abschließend stellst du die Kräuter über Nacht auf deinen Altar.

Wenn du mehr über das Weiheritual erfahren möchtest, kannst du das in „Das geheime Hexenorakel aus dem Buch der Schatten" von Maja Sonderbergh nachlesen.

Die Hexenkräuter

und wie du sie einsetzt

Nachdem du nun einiges über die erfolgreiche und verantwortungsvolle Arbeit mit den Hexenkräutern erfahren hast, zeige ich dir jetzt die einzelnen Kräuter und Pflanzen und ihre Anwendungsmöglichkeiten.

Alle diese Kräuter und Pflanzen sind seit vielen Jahrhunderten (manche seit Jahrtausenden) bekannt. Sie haben aber, was manchmal ein bisschen verwirrend sein kann, in den unterschiedlichen Regionen Deutschlands, Österreichs und der Schweiz oft unterschiedliche Namen. Ich habe deshalb neben dem allgemein bekannten Namen zu jedem Kraut auch die älteren und nur noch in wenigen Gegenden gebräuchlichen Namen dazu geschrieben. Solltest du ein bestimmtes Kraut anhand seines Namens dennoch nicht identifizieren können, hilft dir in jedem Fall die botanische Bezeichnung weiter, die jeder Apotheker kennt.

Abbisskraut

Botanischer Name: *Succisa pratensis*

Andere Namen: **Abbisswurzel, Anbisskraut, St.Peterkraut, Teufelsabbisswurzel**

Das musst du über Abbisskraut wissen

Um Abbisskraut ranken sich seit dem Mittelalter viele Gerüchte, und wenn man es bei einer Frau fand, war das bereits der feste Beweis für ihr Hexendasein und damit auch häufig ihr Todesurteil. Da Abbisskraut aber zur Grundausstattung einer jeden Hexe gehörte, musste es sorgfältig versteckt werden, damit bei einer eventuellen Durchsuchung kein Verdacht aufkam. Zwar kannst du Abbisskraut selbst im Garten oder im Topf ziehen und die Wurzel im Herbst ernten und trocknen, doch ist das ziemlich aufwändig. Es ist besser, du kaufst das Abbisskraut im Kräuterhandel oder in der Apotheke.

Bei diesen Erkrankungen setzt du Abbisskraut ein

Die getrocknete, pulverisierte Wurzel des Abbisskrautes eignet sich hervorragend als Umschlag bei Prellungen, Quetschungen und Entzündungen. Besonders bei leichteren Sportverletzungen, die schnell schmerzhafte blaue Flecken nach sich ziehen, wirkt das Abbisskraut wahre Wunder.

Ein Umschlag bei Prellungen und Verstauchungen

Aus dem Pulver der Wurzel und etwas warmem Wasser mischst du eine geschmeidige Paste, die du auf die erkrankte Hautstelle aufträgst und mit einem lockeren Verband versiehst. Der Umschlag sollte etwa eine Stunde täglich aufliegen, wobei du die Paste mehrfach verwenden kannst. Lagere Sie einfach kühl (aber nicht kalt!) und mische, wenn sie zu trocknen beginnt, einfach wieder etwas warmes Wasser darunter. Vor der Anwendung erwärmst du sie in einem Gefrierbeutel im Wasserbad.

Wichtig: Frisch aufgebrochene, also offene und großflächige Entzündungen darfst du auf keinen Fall selbstständig behandeln, da die Gefahr einer Infektion besteht! Mit solchen Erkrankungen musst du immer zuerst zum Arzt gehen!

Ackerdistel

Botanischer Name: *Sonchus arvensis*

Andere Namen: Gänsedistel, Hasenkohl, Hasendistel, manchmal auch Sanddistel

Das musst du über die Ackerdistel wissen

Die Ackerdistel gilt in unserer modernen Zeit (besonders bei Hobbygärtnern) als lästiges Unkraut, ist aber eine der ältesten Heilkräuter überhaupt. Sie vermehrt sich sehr stark und wächst häufig zusammen mit dem Giersch, einem ebenfalls uralten Heilkraut, das ich dir auf Seite 64 vorstelle.

Die Ackerdistel kannst du im Garten oder im Topf selbst ziehen – sie ist völlig anspruchslos und braucht weder besondere Pflege noch Aufmerksamkeit. Ernten kannst du die Ackerdistel von Ende Mai bis Ende August.

Bei diesen Erkrankungen setzt du die Ackerdistel ein

Die Ackerdistel hat eine sehr gute Wirkung bei Hämorrhoiden. Dazu trocknest du die gesamte Pflanze (außer den Wurzeln), entfernst alle noch vorhandenen Pflanzenteile und Dornen, zermahlst sie sehr fein und mischst etwa vier Esslöffel des Pulvers in das heiße Badewasser.

Zur Vorbeugung

Disteln haben einen relativ hohen Vitamin-C-Gehalt. Deshalb kannst du die jungen Blätter sehr gut als Beigabe zum Salat verwenden. Dazu wäschst du sie vorher gründlich, übergießt sie für einige Sekunden mit kochendem Wasser und tauchst sie danach sofort in kaltes Wasser.

Wichtig: Auch wenn der Name es vermuten lässt – die Ackerdistel kommt meist nicht auf Äckern, sondern häufig auf Schutthalden, in alten Kiesgruben oder einfach am Straßenrand vor. Hier solltest du sie aber besser nicht ernten, da sie häufig durch Umweltgifte im Boden oder Autoabgase verschmutzt ist. Am besten pflanzt du sie im eigenen Garten oder einem Blumenkasten auf dem Balkon an. Dabei musst du sie allerdings aufmerksam beobachten und bei Bedarf auch stark zurückschneiden, da sie sich sonst schnell über den gesamten Garten vermehrt!

Alant

Botanischer Name: *Inula helenium*

Andere Namen: Alantwurz, Altwurz, Edelwurz, Galantwurz, Helenenwurz, Helenenkraut, Olant

Das musst du über Alant wissen

Alant sieht der Sonnenblume sehr ähnlich. Er gehört zu den ältesten Heilkräutern, wobei seine Einsatzgebiete sehr unterschiedlich sind. Schon unsere Hexenvorfahren wussten übrigens, dass die Alantwurzel auch bei Abgeschlagenheit, Antriebsschwäche und der Neigung zu trüben Gedanken sehr hilfreich ist.

Alant kannst du selbst im Garten oder im Topf ziehen. Dazu kaufst du am besten die Jungpflanzen, die du ab Mitte April einpflanzt. Im Herbst wird der Alant geerntet. Grab ihn sehr vorsichtig aus und trenne ein paar einzelne Wurzeln ab, die du wäschst und trocknest.

Bei diesen Erkrankungen setzt du Alant ein

Vom Alant verwendest du nur die Wurzel, die bei Durchfall, Magenkrämpfen und Sodbrennen sehr gut wirkt.

Ein Alant-Tee gegen Verdauungsbeschwerden

Du kochst einen viertel Teelöffel Alantwurzelpulver in einem Liter Früchtetee auf. Den Tee lässt du zehn Minuten ziehen. Wenn er nur noch lauwarm ist, kannst du ihn mit etwas Honig süßen. Du solltest täglich eine Tasse des lauwarmen Alant-Tees trinken.

Ein Rotwein-Aufguss gegen Verdauungsbeschwerden

Am besten wirkt Alant, wenn du einen viertel Teelöffel Wurzelpulver ca. 30 Minuten in 0,7 Litern lieblichem (aber nicht zu süßem!) Rotwein leicht sieden lässt und dann täglich ein kleines Glas davon lauwarm trinkst.

Wichtig: Es sollten weder Kinder noch Jugendliche oder Schwangere Wein trinken – auch nicht in kleinen Mengen. Das gilt selbstverständlich auch für Menschen, die Alkoholprobleme haben oder hatten!

Andorn

Botanischer Name: *Marrubium vulgare*

Andere Namen: Weißer Andorn, Gotteshilfe, Helfkraut, Mutterkraut, Berghopfen

Das musst du über Andorn wissen

Andorn wurde schon im Mittelalter wegen seiner Bitterstoffe geschätzt und deshalb auch – anstatt des heutigen Hopfens – zum Bierbrauen verwendet.

Andorn kannst du im Garten anpflanzen, für den Blumentopf eignet er sich dagegen nicht. Am besten kaufst du das getrocknete Kraut aber im Kräuterhandel oder in der Apotheke.

Bei diesen Erkrankungen setzt du Andorn ein

Die Bitterstoffe sind es, die Andorn besonders wirksam bei Bronchialkatarrhen und hartnäckigem Husten machen. Schon die Hexen des frühen Mittelalters wussten ihn aber auch wegen seiner schmerzlindernden Wirkung bei Menstruationsbeschwerden zu schätzen.

Ein Andorn-Tee gegen Husten und Menstruationsbeschwerden

Das getrocknete Kraut des Andorns nutzt du als Tee, wobei du einen gestrichenen Teelöffel pro Tasse mit kochendem Wasser übergießt und dann abgedeckt zehn Minuten ziehen lässt. Danach siebst du die Kräuter ab. Trinke täglich zwei Tassen lauwarmen Andorn-Tee.

Angelika

Botanischer Name: *Archangelica officinalis*

Andere Namen: **Engelwurz, Erzengelwurz, Luftwurz, in manchen Gegenden auch Zahnwurz**

Das musst du über Angelika wissen

Angelika gilt seit dem frühen Mittelalter als eine Art Allheilmittel, was natürlich Unsinn ist. Sie wurde sogar als Heilmittel gegen die Pest eingesetzt – manchmal sogar erfolgreich aufgrund der starken ätherischen Öle, Bitterstoffe und Harze, die durch ihre antiseptische Wirkung eine Ansteckung über die „Tröpfcheninfektion" (also etwa Anhusten oder Anniesen) erschweren. Einen bereits an der Pest erkrankten Menschen konnte Angelika aber natürlich nicht mehr heilen.

Angelika könntest du zwar theoretisch selbst anpflanzen, da diese Pflanze aber sehr feuchten Boden wie etwa ein Fluss- oder Teichufer braucht, ist das praktisch kaum möglich. Angelika kaufst du deshalb am besten in der Apotheke oder im Kräuterhandel.

Bei diesen Erkrankungen setzt du Angelika ein

Aufgrund seiner Bestandteile ist Angelika sehr wirkungsvoll bei Magenverstimmungen (besonders nach zu viel und zu fettem Essen), Verdauungsstörungen, Durchfall, Blähungen und Sodbrennen. Angelika wirkt aber auch anregend bei Erschöpfungszuständen, Mattigkeit und Mutlosigkeit. Verwendet wird sowohl die getrocknete Wurzel als auch das Kraut, und zwar entweder als Tee oder als Weinaufguss.

Ein Angelika-Tee gegen Durchfall und Blähungen

Für den Tee gibst du ein bis zwei Teelöffel getrocknetes Kraut in einen Topf und gießt einen Liter kochendes Wasser darüber. Dann deckst du den Topf ab und lässt den Tee 15 Minuten ziehen. Anschließend siebst du das Kraut ab. Trinke täglich zwei bis drei Tassen Angelika-Tee – bei Bedarf auch leicht mit Honig gesüßt. Das Rezept wird noch wirksamer durch Alkohol, wenn du anstatt des Wassers einen milden (aber nicht zu süßen!) Rotwein verwendest.

Wichtig: Auch hier gilt wieder: Kinder, Jugendliche und Schwangere sollten keinen Wein trinken – auch nicht in kleinen Mengen. Ebenso wenig Menschen, die Alkoholiker sind oder waren.

Anis

Botanischer Name:
Pimpinella anisum

Andere Namen: Bibernelle

Das musst du über Anis wissen

Anis kam vor rund 3000 Jahren aus dem Orient zu den europäischen Hexen, die seine Heilkraft schnell erkannten.
Sie setzten Anis als Heilmittel bei Bronchialinfekten, Halsschmerzen und hartnäckigem Husten, aber auch bei Darmkoliken, Durchfall und Menstruationsbeschwerden ein. Anis wächst zwar auch in unseren Breiten, doch ein einziger etwas zu feuchter Sommer reicht schon aus, um die Aussaat zu verderben. Am besten kaufst du Anis deshalb im Supermarkt.

Bei diesen Erkrankungen setzt du Anis ein

Du verwendest vom Anis die getrockneten Samen, die du als Tee, Bad oder alkoholischen Aufguss gegen Halsschmerzen, Menstruationsbeschwerden oder Verdauungsprobleme verwenden kannst.

Ein Anis-Tee gegen Verdauungsprobleme und Halsschmerzen

Für den Tee nimmst du pro Tasse eine Messerspitze voll Samen und drückst sie leicht an, zerquetschst sie aber nicht. Das geht beispielsweise mit einem Nudelholz oder einem Holzkochlöffel recht gut. Die angedrückten Samen übergießt du mit kochendem Wasser, lässt den Aufguss fünf Minuten abgedeckt ziehen und siebst die Samen ab. Trinke den Tee dreimal täglich so heiß wie möglich. Bei Halsschmerzen gurgelst du vor und nach jedem Essen mit einer halben Tasse lauwarmem Anis-Tee.

Ein Anis-Bad gegen Menstruationsbeschwerden

Für ein Bad gegen Menstruationsbeschwerden gibst du drei Esslöffel von den leicht angedrückten Samen in einen Topf und gießt dann einen Liter kochendes Wasser darüber. Auch hier lässt du den Aufguss wieder fünf Minuten ziehen und gibst ihn anschließend zum Badewasser. In diesem Heilbad solltest du nun etwa eine halbe Stunde ruhig liegen und keine weiteren Badezusätze oder Seifen verwenden.

Ein alkoholischer Anis-Aufguss gegen Verdauungsbeschwerden

Für den alkoholischen Aufguss gibst du zwei Esslöffel von den angedrückten Samen in einen Liter klaren Schnaps und rührst diese Mischung gut um. Danach füllst du die Mischung in eine Flasche, verschließt sie gut und lässt den Aufguss zwei bis drei Wochen an einem kühlen dunklen Platz ziehen. Nun siebst du die Samen aus dem Alkohol und füllst diesen wieder in die Flasche zurück. Bei Beschwerden trinkst du abends vor dem Zubettgehen 2 cl Aufguss, den du zuvor vorsichtig leicht erwärmt hast. →

Wichtig: Bitte nicht vergessen: Kinder, Jugendliche und Schwangere dürfen keinesfalls hochprozentigen Alkohol trinken – auch nicht in kleinen Mengen!

Zur Vorbeugung

Um Verdauungsstörungen oder Völlegefühl nach einem sehr üppigen Mahl zu vermeiden, kaust du nach dem Essen fünf Minuten lang einige Anissamen. Wenn das Aroma nachzulassen beginnt, spuckst du die zerkauten Samen wieder aus.

Arnika

Botanischer Name: *Arnica montana*

Andere Namen: **Allerleikraut, Mönchwurz, Kathreinwurz, Sternblume**

Das musst du über Arnika wissen

Arnika ist ein seit fast 200 Jahren bekanntes Hexenkraut, das du wegen seines Gehaltes an giftigen Substanzen nur äußerlich anwenden darfst! Arnika wächst am besten auf torfigen Böden, die bei uns nur selten zu finden sind. Du könntest sie zwar auch selbst im Garten oder im Blumentopf ziehen, das wäre allerdings ziemlich aufwändig. Am besten kaufst du Arnika deshalb in der Apotheke.

Bei diesen Erkrankungen setzt du Arnika ein

Bei Blutergüssen, Verstauchungen oder Prellungen verwendest du die getrockneten Blüten als Umschlag.

Ein Arnika-Umschlag bei Verstauchungen und Prellungen

Nimm einen Teelöffel getrockneter Arnikablüten, weiche sie in warmem Wasser ein und lass sie zehn Minuten ziehen. Dann siebst du das Wasser ab, drückst die Blütenmasse zusammen, legst sie auf die verletzte Stelle und wickelst eine Bandage darum, die du eine Stunde täglich trägst.

Wichtig: Arnika enthält einige giftige Substanzen, die in höherer Dosierung gefährlich werden können. Deshalb darfst du Arnika weder verschlucken noch mit offenen Wunden in Kontakt bringen!

Baldrian

Botanischer Name: *Valeriana officinalis*

Andere Namen: Katzenkraut, Katzen-wurz, Zahnkraut, Augenwurz

Das musst du über Baldrian wissen

Seinen bekannten Beinamen „Katzen-kraut" hat der Baldrian erhalten, weil Katzen scheinbar ganz versessen auf ihn sind und sich sehr merkwürdig benehmen, sobald sie mit ihm in Berührung kommen. Grund dafür sind wahrscheinlich die verschiedenen ätherischen Öle, die den Baldrian seit Jahrhunderten zu einem begehrten Heilmittel machen.

Baldrian kannst du im Garten selbst ziehen – für den Blumentopf eignet er sich allerdings nicht besonders gut. Im Herbst kannst du den Baldrian ernten, indem du sehr vorsichtig Teile der Wurzel abtrennst, sie abwäschst und dann trocknest. Wenn dir das zu aufwändig ist, kaufst du den Baldrian in der Apotheke oder im Kräuterhandel.

Bei diesen Erkrankungen setzt du Baldrian ein

Du verwendest Baldrian bei starker Nervosität, Schlafstörungen und Unruhezuständen. Er wirkt am besten als Tee.

Ein Baldrian-Beruhigungs- und -Schlaftee

Dazu gibst du einen Teelöffel der getrockneten, pulverisierten Wurzel in eine Tasse und übergießt sie mit kochendem Wasser. Lass den Tee zehn Minuten abgedeckt ziehen, siebe dann den Baldrian aus und trinke den Tee lauwarm vor dem Schlafengehen.

Wichtig: Besonders auf den Baldrian trifft die alte Kräuterregel „Was heilt, kann auch schaden" zu. Trinkst du täglich mehr als eine Tasse Baldriantee, kann es schnell zu Kopfschmerzen und Herzrasen oder auch Übelkeit kommen! Halte dich deshalb unbedingt an die Dosierung!

Ein Baldrian-Entspannungsbad

Als Bad wirkt Baldrian sehr beruhigend. Dazu gibst du etwa 100 Gramm getrockneten Baldrian in einen Topf und übergießt ihn mit einem Liter kochendem Wasser. Decke den Topf ab und lass den Aufguss zwölf Stunden an einem warmen Ort (aber nicht direkt auf der Heizung!) stehen. Danach siebst du den Baldrian ab und gibst die Flüssigkeit ins warme Badewasser. Achte darauf, dass du nicht länger als eine Viertelstunde in diesem Bad bleibst, denn sonst schlägt die beruhigende Wirkung leicht in Kopfschmerzen und Übelkeit um.

Barbarakraut

Botanischer Name: *Barbarea vulgaris*

Andere Namen: **Winterkresse, Winterkraut**

Das musst du über Barbarakraut wissen

Barbarakraut gehört zu den ältesten Hexenkräutern. Die Hexen selbst nannten es allerdings Winterkresse oder Winterkraut. Erst die Bergleute des 15. Jahrhunderts benannten es dann nach ihrer Schutzheiligen, der heiligen Barbara.

Barbarakraut ist zwar auch in der freien Natur weit verbreitet, du findest es aber nur sehr selten im Gemüse- oder Kräuterhandel. Deshalb ist es sinnvoll, das Kraut selbst zu ziehen, was problemlos in einem kleinen Blumenkasten auf dem Balkon oder Fensterbrett gelingt. Das Barbarakraut kannst du dann (solange du die Pflanzen im Winter abdeckst und vor dem schärfsten Frost schützt) bis in den Dezember hinein ernten.

Bei diesen Erkrankungen setzt du Barbarakraut ein

Barbarakraut verwendest du bei Appetitlosigkeit, beispielsweise nach einer langen Krankheit, aber auch als starkes Heilmittel bei Erkältungen und grippalen Infekten. Du kannst es frisch in einen Salat geben oder als Tee verabreichen.

Ein Barbarakraut-Tee bei Erkältungen

Dazu gibst du zwei Esslöffel fein geschnittenes Kraut in einen Topf und füllst ihn mit einem Liter kochendem Wasser. Lass den Tee 20 Minuten abgedeckt ziehen und siebe das Kraut danach sorgfältig aus. Von dem lauwarmen Tee trinkst du täglich drei Tassen, jeweils eine vormittags, nachmittags und am frühen Abend.

Zur Vorbeugung

Barbarakraut eignet sich durch seinen hohen Vitamin-C-Gehalt hervorragend, um Erkältungskrankheiten vorzubeugen. Iss einfach einen kleinen Bund Barbarakraut zweimal wöchentlich im Salat oder fein geschnitten und mit etwas Salz und Olivenöl (oder warmer Butter) zu einer Paste vermischt als Brotaufstrich.

Bärlauch

Botanischer Name: *Allium ursinum*

Andere Namen: Wilder Knoblauch, Waldknoblauch, Zigeunerknoblauch

Das musst du über Bärlauch wissen
Bärlauch gehört zur gleichen Familie wie Knoblauch, wirkt, riecht und schmeckt deshalb auch sehr ähnlich. Allerdings verwendest du beim Bärlauch die Blätter.

Bärlauch kannst du im eigenen Garten oder in einem Topf ziehen. Er lässt sich nicht trocknen, du musst ihn also frisch verwenden oder einfrieren. Da man ihn nur von Anfang März bis etwa Ende Mai erhält, musst du dich in dieser Zeit mit Bärlauch eindecken. Du bekommst ihn auf Wochen- oder Gemüsemärkten und solltest ihn nach dem Kauf waschen, blanchieren und am besten sofort einfrieren.

Bei diesen Erkrankungen setzt du Bärlauch ein
Bärlauch wirkt entgiftend und desinfizierend und wird deshalb bei Durchfall und Magenproblemen verwendet. Du kannst Bärlauch in fast jeder Form verabreichen. Klein geschnitten und leicht gesalzen passt er gut in den Salat oder als Belag auf ein Butterbrot. Ebenso kannst du ihn mit einigen Tropfen Olivenöl und Salz zu einem Mus zerdrücken und als Pesto, also als Nudelsoße, oder als Brotaufstrich verwenden.

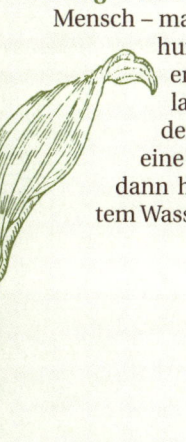

Wichtig: Frischen Bärlauch verträgt nicht jeder Mensch – manche bekommen davon starke Blähungen, bei anderen wiederum wirkt er abführend. Die Schärfe des Bärlauchs kannst du etwas mildern, indem du ihn blanchierst, also etwa für eine Minute in kochendes Wasser gibst, dann herausnimmst und sofort in eiskaltem Wasser abschreckst.

Bärwurz

Botanischer Name: *Meum mutellina*

Andere Namen: **Bärendill, Bärenfenchel, Köpernikel, Wilder Fenchel**

Das musst du über Bärwurz wissen

Bärwurz ist eigentlich eine Hochgebirgspflanze, die es aber noch heute (allerdings eher selten) im Thüringer Wald gibt.

Bärwurz lässt sich nur sehr schwer selbst ziehen, deshalb kaufst du ihn am besten in der Apotheke oder im Kräuterhandel.

Bei diesen Erkrankungen setzt du Bärwurz ein

Du verwendest die getrocknete Wurzel des Bärwurz als Tee oder alkoholischen Aufguss bei Magenbeschwerden, aber auch bei der Neigung zu sehr niedrigem Blutdruck.

Ein Bärwurz-Tee bei Magenbeschwerden

Für den Tee übergießt du eine Messerspitze der pulverisierten Wurzel mit einem Liter kochendem Wasser und lässt den Tee zehn Minuten ziehen. Danach siebst du das Pulver sorgfältig ab. Trinke täglich eine kleine Tasse des lauwarmen Tees.

Ein alkoholischer Bärwurz-Aufguss bei niedrigem Blutdruck

Für den alkoholischen Aufguss gibst du zwei Messerspitzen von dem Pulver in eine Flasche, die du mit 0,7 Litern 60-prozentigem Alkohol füllst und fest verschließt. Stelle die Flasche nun an einen kühlen dunklen Ort und lass den Aufguss zwei Wochen lang ziehen. Danach siebst du das Pulver ab und füllst den Aufguss zurück in die Flasche. Bei Bedarf trinkst du 2 cl von dem Aufguss.

Wichtig: Wie bei allen alkoholhaltigen Getränken gilt auch hier: Kinder, Jugendliche und Schwangere dürfen keinen Alkohol trinken! Da Bärwurz auch unverträgliche Substanzen enthält, darfst du die Dosierung weder beim Tee noch beim alkoholischen Aufguss erhöhen! Als Folgen könnten sonst Herzrasen und Übelkeit auftreten!

Basilikum

Botanischer Name: *Ocimum basilicum*

Andere Namen: Basilienkraut, Hirnkraut, Königsbalsam

Das musst du über Basilikum wissen

Basilikum brachten keltische Druiden vor rund 3000 Jahren über lange Umwege aus Asien nach Europa. Basilikum hat seine größte Wirkung als frisch geerntetes Kraut.

Basilikum kaufst du am besten als Topfpflanze und ziehst es an einem sonnigen Platz auf dem Fensterbrett. Basilikum darfst du nicht direkt, sondern immer nur indirekt gießen, also in den Untersetzer oder Teller, auf dem der Topf steht. Die Pflanze holt sich immer so viel Wasser, wie sie gerade braucht. Basilikum kannst du während der ganzen Lebenszeit der Pflanze ernten. Schneide die Blätter vorsichtig mit einer kleinen Schere ab.

Bei diesen Erkrankungen setzt du Basilikum ein

Du setzt Basilikum als Tee bei Magenverstimmungen, leichtem Durchfall und Darmkoliken ein. Besonders wenn jemand lange krank war und wieder zu Kräften kommen muss, wirkt Basilikum appetitanregend und ist deshalb ein wichtiges Mittel zur Genesung.

Ein appetitanregender Basilikum-Tee

Für den Basilikum-Tee gibst du drei gehäufte Esslöffel frische Blätter in eine Tasse und füllst diese mit kochendem Wasser auf. Lass den Tee nun zehn Minuten abgedeckt ziehen und siebe die Blätter ab. Trinke mittags und vor dem Schlafengehen eine Tasse des lauwarmen Tees.

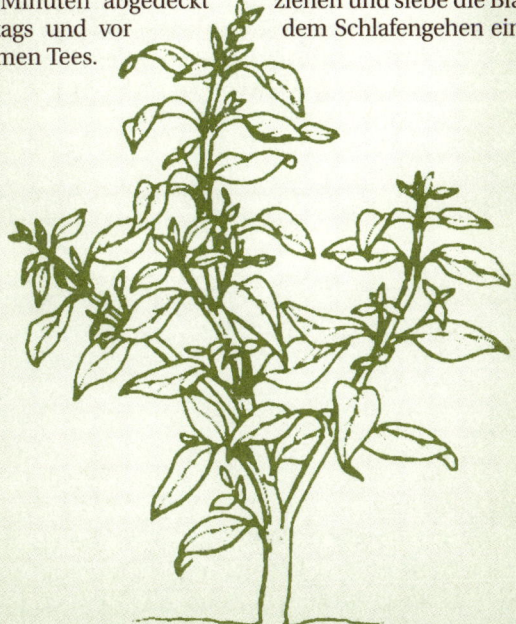

Beifuß

Botanischer Name: *Artemisia vulgaris*

Andere Namen: Wilder Wermuth, Buck

Das musst du über Beifuß wissen

Auch Beifuß stammt ursprünglich aus Asien, von wo ihn die Hexen des frühen Mittelalters mit nach Europa brachten.

Beifuß kannst du problemlos im Garten anpflanzen, für den Blumentopf wird er allerdings zu groß. Im Garten brauchst du einen sonnigen Platz, an dem du die Jungpflanze einsetzt. Im Sommer kannst du die zarten Triebe ernten, aber auch ganze Zweige vorsichtig abschneiden und trocknen. Übrigens kannst du den getrockneten Beifuß auch in fast jedem Supermarkt kaufen.

Bei diesen Erkrankungen setzt du Beifuß ein

Durch seinen hohen Gehalt an ätherischen Ölen ist Beifuß besonders bei Verdauungsbeschwerden wirksam. Die Hexen des Mittelalters setzten ihn aber auch erfolgreich bei Menstruationsbeschwerden ein.

Ein Tee gegen Verdauungs- und Menstruationsbeschwerden

In beiden Fällen verwendest du Beifuß als Tee. Dazu gibst du einen leicht gehäuften Teelöffel getrocknetes Kraut in eine Tasse und gießt kochendes Wasser darüber. Lass den Tee nun 15 Minuten abgedeckt ziehen und siebe die Kräuter heraus. Trinke den lauwarmen Tee einmal täglich, am besten mittags, und zwar zwei Tage lang.

Beifuß als Vorbeugung gegen Verdauungsprobleme

Beifuß eignet sich besonders als Vorbeugung gegen Magen- und Darmbeschwerden nach einem üppigen Essen, wie etwa Gänsebraten. Dazu gibst du, je nach Größe des Bratens und nach Fettgehalt des Fleisches, ein bis drei Zweige des Krautes in den Bratensud. Vor dem Servieren nimmst du lediglich die harten Stängel wieder heraus. Beifuß hat einen starken Eigengeschmack, deshalb solltest du keinesfalls zu viel des Krautes verwenden!

Bohnenkraut

Botanischer Name: *Satureja montana*

Andere Namen: **Bergbohnenkraut, Riechkraut, Winterbohnenkraut**

Das musst du über Bohnenkraut wissen
Das Bohnenkraut stammt ursprünglich aus Süditalien und wurde im frühen Mittelalter von den dortigen Hexen bis nach Nordeuropa gebracht. Bohnenkraut kannst du sowohl im Garten als auch im Topf ziehen. Du säst es im April oder Mai aus. Ernten kannst du das Bohnenkraut, kurz bevor es richtig blüht – dazu schneidest du die Pflanze knapp über dem Boden ab, bündelst die Zweige und hängst sie zum Trocknen auf.

Bei diesen Erkrankungen setzt du Bohnenkraut ein
Bohnenkraut ist eines der wirksamsten Hexenkräuter. Du verwendest es als Tee bei Verdauungsproblemen, Blähungen und Husten, aber auch bei stark juckenden Mückenstichen. Das Bohnenkraut bekommst du normalerweise nur getrocknet – frisch ist es aber sehr viel wirkungsvoller, deshalb lohnt sich das Selbstziehen.

Ein Bohnenkraut-Tee bei Verdauungsproblemen und Husten
Für den Tee gibst du zwei gestrichene Teelöffel von dem Kraut in eine Tasse und füllst sie mit kochendem Wasser. Lass den Tee nun zehn Minuten abgedeckt ziehen, siebe das Kraut sehr sorgfältig ab und trinke dreimal täglich eine Tasse möglichst heißen Tee.

Zur Vorbeugung
Wenn dir ein Grillabend oder ein üppiges Essen bevorsteht, trinkst du sechs bis zwölf Stunden vor diesem Essen ein bis zwei Tassen Bohnenkraut-Tee, um Verdauungsprobleme zu vermeiden.

Ein Bohnenkraut-Umschlag bei Insektenstichen
Um Mückenstiche schneller abschwellen zu lassen und ihnen den Juckreiz zu nehmen, mischst du eine geschmeidige Paste aus zwei Esslöffeln fein gemahlenem Bohnenkraut, ein wenig Olivenöl und einem Teelöffel Zwiebelsaft. Diese Paste trägst du auf den Mückenstich auf und deckst ihn für 30 Minuten mit einem kleinen Handtuch oder einem Verband ab.

Borretsch

Botanischer Name:
Borago officinalis

Andere Namen: **Augenzier, Gurken-kraut, Herzblümlein, Herzfreude**

Das musst du über Borretsch wissen

Auch Borretsch ist eines der klassischen Hexen-kräuter und kam wahrscheinlich im frühen 10. Jahrhundert nach Europa.
Borretsch kannst du sehr gut im Garten oder in einem großen Topf ziehen (Saatzeit ist das Frühjahr). Ernten kannst du die jungen Bor-retschblätter den ganzen Sommer über – du solltest sie aber niemals trocknen, sondern sofort einfrieren, wenn du sie nicht gleich verwenden willst.

Bei diesen Erkrankungen setzt du Borretsch ein

Du verwendest Borretsch bei Erkältungskrankheiten, besonders bei hartnäckigem Husten, bei Rheumaerkrankungen, bei der Neigung zu sehr trockener, schuppiger Haut und um trübe Stimmungen zu ver-scheuchen. Vom Borretsch kannst du die Blätter als Salatgewürz oder für ein Heilbad nutzen, die Blüten verwendest du getrocknet oder frisch für einen Tee.

Ein Borretsch-Heilbad bei hartnäckigem Husten

Für das Heilbad legst du zwei Hand voll Blätter in einen Topf und gibst einen Liter kochendes Wasser hinzu. Decke den Topf ab und warte so lange, bis der Aufguss nur noch lauwarm ist. Dann siebst du die Blätter sorgfältig ab und gibst den Topfinhalt in das heiße Bade-wasser. Verwende aber keine weiteren Badezusätze, Seifen oder Shampoos! In dieses Bad legst du dich 20 Minuten lang und wieder-holst die Behandlung dreimal wöchentlich, bis der Husten abgeklun-gen ist.

Ein Borretsch-Tee gegen trübe Gedanken und schlechte Stimmungen

Für den Tee gibst du einen Teelöffel frische oder einen halben Teelöf-fel eingefrorene Blätter in eine Tasse und übergießt das Kraut mit kochendem Wasser. Lass den Tee nun abgedeckt 15 Minuten ziehen, siebe das Kraut heraus und trinke den Tee einmal täglich, am besten vormittags.

Borretsch enthält viele Vitamine und ist seit dem Mittelalter für seine stimmungsaufhellende Eigenschaft bekannt. Um in der dunklen Jahreszeit Erkältungskrankheiten vorzubeugen und trübe Gedanken zu vertreiben, kannst du dreimal pro Woche einen Salat mit Borretschblättern essen.

Brennnessel

Botanischer Name: *Urtica dioica*

Andere Namen: Heiternessel, Donnernessel, Nessel, Sengnessel

Das musst du über die Brennnessel wissen

Die Brennnessel ist eine besonders bei Gärtnern sehr unbeliebte Pflanze. Doch das ganz zu Unrecht, denn sie gehört zu den ältesten Heilkräutern der Menschheit. Bereits die keltischen Hexen wussten, dass die Brennnessel blutreinigend und entgiftend wirkt.

Wenn du die Brennnessel im Garten anpflanzen willst, muss dir klar sein, dass sie sich explosionsartig vermehrt. Im Frühjahr kannst du die jungen Blätter ernten – entweder trägst du feine Gummihandschuhe, oder du ziehst die Blätter mit einem kräftigen Ruck und vom Stiel weg zur Blattspitze ab, dann können die Nesselhaare dich nicht verletzen. Beachte

bitte bei der Ernte, dass du Pflanzen von bewirtschafteten Ackerflächen meidest, da diese meist überdüngt sind und die Brennnesseln dann sehr viel schädliches Nitrat enthalten können. Auch Pflanzen, die direkt am Straßenrand stehen, solltest du meiden, denn sie nehmen die Schadstoffe der Autoabgase auf.

Damit die Nesselhaare (im Volksmund die Brennhaare) der Brennnessel ihre Funktion verlieren, blanchierst du die geernteten Blätter (du tauchst sie in einem Sieb für 20 bis 30 Sekunden in kochendes Wasser) und legst sie danach am besten in Olivenöl ein.

Bei diesen Erkrankungen setzt du die Brennnessel ein

Du setzt die Brennnessel bei Gicht und Rheuma sowie bei Gallenproblemen ein. Dazu verwendest du die möglichst feinen und jungen Blätter der Brennnessel, die du einem Salat →

zugeben oder als Tee zubereiten kannst. Oder du schneidest sie sehr fein und vermischst sie anschließend mit Salz, grob gemahlenem Pfeffer und etwas Olivenöl zu einer Paste, die du als Brotaufstrich oder Nudelsoße (Pesto) verwendest.

Ein Brennnessel-Tee bei Gallenproblemen

Für den Tee gibst du eine Hand voll möglichst feine und junge Blätter in einen Topf mit etwa 300 ml kochendem Wasser und lässt diese Mischung fünf Minuten lang kochen. Dann siebst du die verkochten Blätter ab und trinkst vom lauwarmen Tee jeweils eine Tasse vor- und nachmittags.

Zur Vorbeugung

Die Brennnessel ist eine wahre Vitaminbombe und deshalb sehr gut dazu geeignet, Erkältungskrankheiten vorzubeugen. Trinke dafür täglich zwei Tassen Brennnesseltee oder iss dreimal wöchentlich einen Salat mit Brennnesselblättern.

Brombeere

Botanischer Name: Rubus fruticosus

Andere Namen: Kratzbeere, Spreidach

Das musst du über die Brombeere wissen

Die Brombeere war schon bei den Kelten und Germanen als Lebens- und Heilmittel sehr geschätzt. Die Hexen des frühen Mittelalters erkannten die vorbeugende und heilende Wirkung der Brombeere und machten sie zu einer ihrer wichtigsten Heilpflanzen.

Die Brombeere kannst du im Garten ziehen – für den Topf wird die Pflanze allerdings zu groß. Brombeeren kannst du ab Mitte August bis in den späten Oktober ernten – dabei musst du allerdings vorsichtig sein, denn Brombeersträucher sind extrem dornig!

Bei diesen Erkrankungen setzt du die Brombeere ein

Aus den Blättern stellst du einen Tee her, um eine blutreinigende, entgiftende und fiebersenkende Wirkung zu erzielen und Durchfallerkrankungen zu behandeln.

Brombeeren selbst stecken voller Vitamine. Aus ihnen lassen sich (wenn man Spaß am Einmachen hat) allerfeinste Konfitüren herstellen. Ebenso gut kannst du die Früchte im Entsafter auspressen. Der Saft ist ein regelrechter Vitamin-Kick, was besonders in der dunklen, kalten Jahreszeit wichtig ist.

Ein Brombeer-Tee gegen Durchfall und bei Fieber

Dazu gibst du einen Teelöffel getrocknete Blätter in eine Tasse und füllst diese mit kochendem Wasser. Lass den Tee nun fünf bis zehn Minuten ziehen und siebe die Blätter ab. Den möglichst heißen Tee kannst du nach Belieben mit Honig süßen und eine Tasse täglich, am besten nachmittags, trinken.

Ein Brombeer-Saft gegen Erkältungskrankheiten

Gerade weil die Brombeere so vitaminreich ist (besonders Vitamin C), eignet sie sich hervorragend zur Vorbeugung gegen Erkältungskrankheiten. Wenn du keine Lust hast, selbst Konfitüren einzukochen, kannst du auch ganze Beeren einfrieren. Diese reichern den Joghurt oder das Müsli mit Vitaminen an. Auch Brombeersaft ist ein echter Erkältungskiller, besonders wenn du den frisch gepressten Saft mit etwas frischem Zitronensaft und einer Zimtstange mischst und ihn leicht erwärmt trinkst (du darfst ihn nicht kochen, um die wertvollen Inhaltsstoffe nicht zu zerstören!). Dieses Getränk ist übrigens ein sehr gesunder Ersatz für Glühwein, den besonders Kinder gerne mögen!

Wichtig: Brombeeren wachsen häufig an Bahndämmen, wo die Ernte nicht nur lebensgefährlich ist, sondern die Pflanzen auch fast immer mit Fäkalien aus den Zugtoiletten stark verschmutzt sind! Auch vom Sammeln im Wald rate ich dir ab. Der Grund dafür ist der Fuchsbandwurm, ein für den Menschen außerordentlich gefährlicher, häufig sogar tödlicher Parasit. Er wird sowohl von Füchsen als auch von Mäusen und Eichhörnchen auf den Früchten und Blättern verteilt und kann so in deinen Körper gelangen. Auch wenn ich Tiefkühlfrüchte nicht besonders mag – bei Brombeeren greife ich gerne darauf zurück! Der größte Vorteil daran ist, dass die Brombeere, anders als andere Waldfrüchte, beim Einfrieren kaum etwas von ihren Vitaminen und Mineralstoffen verliert und so das ganze Jahr über verfügbar ist.

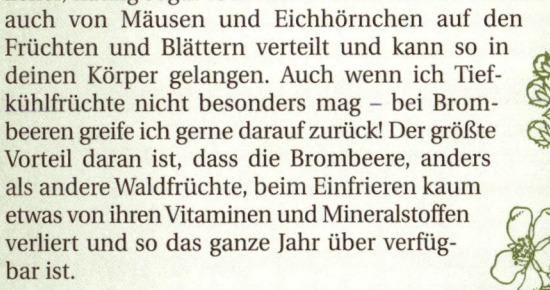

Brunnenkresse

Botanischer Name: *Nasturtium officinale*

Andere Namen: Bornkresse, Quellenrauke

Das musst du über die Brunnenkresse wissen
Die Brunnenkresse war schon unseren Hexenvorfahren
in keltischer Zeit bekannt, und tatsächlich wuchs sie damals häufig an Quellen.
Brunnenkresse kannst du zwar auch im Garten ziehen,
doch das ist ein bisschen aufwändig, weil die Pflanze eigentlich immer am Wasser stehen muss. Am besten greifst du deshalb auf das Angebot im Supermarkt zurück.

Bei diesen Erkrankungen setzt du die Brunnenkresse ein
Wie schon in keltischer Zeit verwendest du die Brunnenkresse bei Verdauungsstörungen, Gallen- und Nierenleiden. Die Brunnenkresse wirkt
frisch am besten – mittlerweile bekommst du sie in fast jedem Supermarkt. Zupfe die feinen Blätter der Kresse ab und mische dreimal
wöchentlich einen Esslöffel davon in den Salat. Wenn du die Blätter sehr
fein hackst und mit warmer Butter und etwas Salz vermischst, erhältst
du einen sehr leckeren Brotaufstrich.

Zur Vorbeugung
Die Brunnenkresse enthält sehr viele Vitamine und ätherische Öle, so
dass sie in der kalten Jahreszeit ein sehr wirksames Kraut gegen
Erkältungskrankheiten ist. Bei einer beginnenden Erkältung (oder
auch, wenn alle Menschen um dich herum bereits husten und nie-
sen) isst du die Brunnenkresse am besten täglich. Noch wirksamer als
Erkältungsvorbeugung wird die Kresse übrigens, wenn du sie mit sehr
fein gehacktem oder gepresstem Knoblauch vermischst. Das ist zwar
nicht jedermanns Geschmack, doch schon die Hexen des Mittelalters
wussten, dass es kaum ein besseres Mittel gibt, um gesund durch die
dunkle und kalte Jahreszeit zu kommen.

Currykraut

Botanischer Name: *Helichrysum italicum*

Andere Namen: Italienische Strohblume, Curryblatt

Das musst du über das Currykraut wissen

Das Currykraut kam im 14. Jahrhundert über Italien zu den deutschen Hexen und hat, trotz seines Namens, eigentlich nichts mit dem „echten" Curry zu tun – außer seinem Geschmack. Tatsächlich ist das Currykraut nämlich eine Strohblume.

Currykraut kannst du im Garten oder im Topf selbst ziehen, allerdings braucht es einen sonnigen Platz und einen trockenen Boden. Die Zweige des Currykrautes kannst du während des ganzen Sommers ernten und entweder frisch verwenden oder zum Trocknen bündeln und aufhängen.

Bei diesen Erkrankungen setzt du das Currykraut ein

Currykraut wendest du als Tee gegen Husten und Magenschmerzen und als Paste bei schmerzhaften Prellungen an.

Ein Currykraut-Tee gegen Husten und Magenschmerzen

Für den Tee gibst du einen halben Teelöffel getrocknetes Kraut in eine Tasse und füllst sie mit kochendem Wasser. Lass den Tee nun fünf bis zehn Minuten abgedeckt ziehen, siebe das Kraut aus und trinke jeweils vor- und nachmittags eine Tasse lauwarmen Tee.

Ein Currykraut-Umschlag bei Prellungen und Verstauchungen

Um Prellungen und Verstauchungen erfolgreich mit dem Currykraut zu behandeln, musst du vor allem schnell reagieren! Je nach Größe der Prellung vermischst du ein bis zwei Esslöffel fein zerstoßenes Currykraut mit ein wenig Speiseöl – gerade so viel, dass eine geschmeidige Paste entsteht. Unter diese knetest du 2 cl 60-prozentigen Alkohol und legst die Masse auf die Prellung. Umwickle die Stelle nun fest mit einer Bandage oder einem Handtuch und lass sie dort 30 Minuten lang liegen.

Wichtig: Wenn du die Masse schnell genug, also so bald wie möglich nach dem kleinen Unfall, auf die geprellte Stelle legst, kannst du damit in weniger schweren Fällen sogar die Bildung eines blauen Flecks reduzieren!

Cyclamen

Botanischer Name: *Cyclamen europae*

Andere Namen: **Alpenveilchen, Saubrot, Schweinsbrot**

Das musst du über Cyclamen wissen

Cyclamen ist wie viele Hexenkräuter leider ein wenig in Vergessenheit geraten, was vielleicht auch daran liegt, dass seine Wirkung nicht besonders schnell einsetzt – man muss also etwas Geduld haben.
Cyclamen kannst du selbst, und zwar am besten im Topf, auf der Fensterbank ziehen. Die Blätter kannst du während der gesamten Lebenszeit der Pflanze ernten.

Bei diesen Erkrankungen setzt du Cyclamen ein

Verwenden kannst du Cyclamen als Mittel bei Hautausschlägen – allerdings musst du vorher mit deinem Arzt klären, welchen Grund die Ausschläge haben. Verbirgt sich hinter dem Ausschlag eine Allergie oder ein Pilz, kann das Cyclamen diese Erkrankung natürlich nicht heilen – hier musst du dich auf jeden Fall mit deinem Arzt besprechen.

Ein Cyclamen-Umschlag bei Hautausschlägen

Zur Linderung von Hautausschlägen, etwa des Nesselfiebers, verwendest du die Blätter des Cyclamen, von denen du eine Hand voll mit zwei Liter heißem, gerade noch nicht kochendem Wasser übergießt. Diesen Aufguss lässt du so lange stehen, bis er nur noch lauwarm ist. Dann siebst du die Blätter sorgfältig ab. Nun bestreichst du die vom Ausschlag betroffenen Körperstellen mit einem in den Aufguss getauchten Lappen. Du kannst den Umschlag bis zum Abklingen der Beschwerden ohne Bedenken anwenden.

Wichtig: Wie schon gesagt: Cyclamen hat bei Ausschlägen zwar eine gute Wirkung, du darfst allerdings keine schnelle Linderung erwarten.

Dill

Botanischer Name: *Anethum graveolens*

Andere Namen: Dillenkraut, Gurkenkraut, Gartendill, Ackerdill

Das musst du über Dill wissen

Dill ist in unserer modernen Zeit eigentlich nur noch als Gurkengewürz oder Speisendekoration bekannt – die Hexen der Antike setzten es aber sehr gezielt gegen Krankheiten ein.
Dill kannst du im Garten oder im Topf selbst ziehen. Dazu säst du ihn ab April aus und kannst das
Kraut dann den ganzen Sommer hindurch ernten. Die Samen kannst du ernten, sobald sie beginnen, sich bräunlich zu färben – dann schneidest du sie ab und hängst sie zum Trocknen auf. Stelle einen Topf oder Eimer darunter, der die Samen auffängt.

Bei diesen Erkrankungen setzt du Dill ein

Du verwendest Dillsamen als Tee bei Verdauungsbeschwerden, Blähungen und als alkoholischen Aufguss bei Schlafstörungen. Gegen Völlegefühl und unangenehmes Aufstoßen nach einem üppigen Essen setzt du dagegen das frische Kraut ein.

Ein Dillsamen-Tee gegen Blähungen und Verdauungsprobleme

Für den Tee gibst du einen halben Teelöffel getrocknete Dillsamen in eine Tasse, füllst sie mit kochendem Wasser und lässt den Tee anschließend rund zehn Minuten abgedeckt ziehen. Dann siebst du die Dillsamen ab und trinkst den Tee, am besten ein bis zwei Stunden vor dem Schlafengehen.

Ein alkoholischer Dillsamen-Aufguss gegen Schlafstörungen

Für den alkoholischen Aufguss gibst du einen gehäuften Teelöffel getrocknete Dillsamen in einen kleinen Topf, gießt 250 Milliliter leichten, trockenen Weißwein (sehr gut eignen sich zum Beispiel Soave, Chardonnay oder Pinot Grigio) hinzu und erhitzt den Wein dann. Achte aber darauf, dass er nicht kocht – sobald er zu dampfen beginnt, ziehst du ihn vom Feuer, siebst anschließend die Samen ab und trinkst den heißen Wein in kleinen Schlücken direkt vor dem Schlafengehen.

Wichtig: Bitte nicht vergessen: Kinder, Jugendliche und Schwangere dürfen keinen Alkohol trinken – auch nicht in kleinen Mengen! →

Dillkraut gegen Völlegefühl und Aufstoßen

Um Völlegefühl und das wirklich unangenehme Aufstoßen nach einem üppigen (und meist etwas zu fetten) Essen zu vermeiden, isst du vor dem eigentlichen Festmahl einen kleine Scheibe Toastbrot, das du mit ein bis zwei Teelöffeln sehr fein gehacktem Dillkraut bestreust. Solltest du nach jedem Essen unter starkem Aufstoßen leiden, musst du aber auf jeden Fall mit deinem Arzt sprechen und überprüfen lassen, welche Ursache dies hat.

Dost

Botanischer Name: *Origanum vulgare*

Andere Namen: Brauner Dost, Dorant, Wilder Majoran, Oregano, Wohlgemuth, Wohlkraut

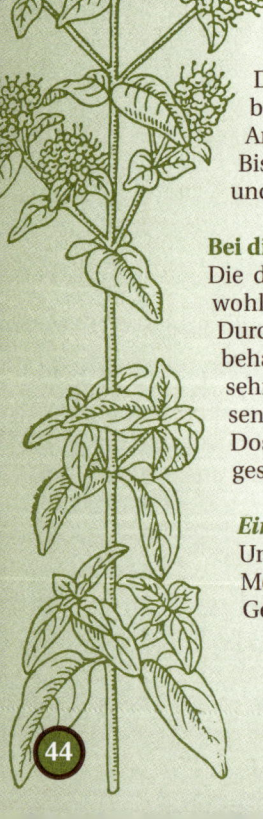

Das musst du über Dost wissen

Dost ist ein so berühmtes und seit den Kelten bekanntes und viel verwendetes Heil- und Hexenkraut, dass ich alleine darüber ein ganzes Buch schreiben könnte! Du kannst Dost noch heute genau so einsetzen, wie das bereits die Hexen der frühen Bronzezeit (also vor rund 4000 Jahren) taten.

Dost kannst du im Garten oder im Topf selber ziehen, er braucht aber einen sonnigen, trockenen und warmen Platz. Am besten kaufst du eine Jungpflanze, die du im Mai einsetzt. Bis in den Herbst hinein kannst du die jungen Blätter ernten und frisch verwenden oder trocknen.

Bei diesen Erkrankungen setzt du Dost ein

Die damaligen Hexen hatten erkannt, dass sich mit diesem so wohlriechenden Kraut Magen- und Darmverstimmungen, Durchfall, hartnäckiger Husten und Magenkrämpfe sehr gut behandeln lassen. Der Dost ist, was seine Anwendung angeht, sehr vielseitig – du kannst ihn am einfachsten natürlich in Speisen mischen. Sei dabei aber vorsichtig und übertreibe die Dosierung nicht, denn der Dost hat einen sehr starken Eigengeschmack!

Eine Dost-Brühe bei Magen-Darmbeschwerden

Um starke Magen-Darmbeschwerden zu lindern, gibst du drei Messerspitzen getrocknetes Kraut in eine Tasse dünne, heiße Gemüse- oder Hühnerbrühe. Ich bin zwar ganz bestimmt kein

Fan von Fertiggerichten, doch in diesem Fall kannst du ruhig eine Fertigbrühe nehmen. Setze sie aber dünner an, als auf der Verpackung angegeben. Diese Brühen haben nämlich immer einen relativ hohen Fettgehalt, und Fett ist genau das, was du bei Magenbeschwerden oder Durchfall nicht verträgst!

Ein Dost-Tee bei starkem Husten
Bei starkem und hartnäckigem Husten gibst du einen gestrichenen Esslöffel getrocknetes Kraut in eine kleine Schüssel und gießt etwa 250 ml kochendes Wasser darüber. Lass diesen Aufguss zehn bis 15 Minuten ziehen und rühre dann einen Esslöffel Honig ein. Achte darauf, dass der Honig sich völlig aufgelöst hat, bevor du den Aufguss trinkst.

Wichtig: Dost wirkt für Magen und Darm sehr stark anregend, was manche empfindliche Menschen nicht gut vertragen. Besonders Schwangere sollten deshalb ausgesprochen vorsichtig mit der Dosierung sein, am besten aber völlig auf ihn verzichten!

Eberesche

Botanischer Name: *Sorbus aucuparia*

Andere Namen: Drachenbaum, Drosselbeere, Vogelbeere, Vogelbeerbaum

Das musst du über die Eberesche wissen
Die Eberesche kennen die meisten von uns als Vogelbeere, und fast immer haben wir schon als Kinder gelernt, ihre Beeren seien giftig. Dass das überhaupt nicht stimmt, wussten bereits die Hexen des Mittelalters – mit dem Märchen von der angeblichen Giftigkeit schützten sie die damals noch sehr seltene Pflanze und konnten sie so für ihre Heilkunst erhalten. Dummerweise benutzten die bettelarmen Bauern dieser Zeit die Blätter und Beeren der Eberesche nämlich als Viehfutter – in nur wenigen Jahren wäre die Pflanze dann vielleicht ausgerottet oder zumindest so selten geworden, dass man lange Fußmärsche für ein paar Beeren hätte zurücklegen müssen.
Die Eberesche ist viel zu groß für den Topf, du kannst sie aber im Garten anpflanzen (sie wächst zu einem Baum heran). Dazu kaufst du eine Jungpflanze, deren Beeren du vom Spätsommer bis in den Herbst hinein ernten kannst. Einfacher ist es natürlich, die Beeren bereits geerntet zu kaufen – du findest sie allerdings nicht besonders häufig, meist nur auf Biomärkten oder in Bioläden. →

Bei diesen Erkrankungen setzt du die Eberesche ein

Die Beeren der Eberesche enthalten sehr viel Vitamin C – die moderne Wissenschaft hat herausgefunden, dass es sogar mehr sein soll als bei Zitrusfrüchten. Deshalb kannst du mit den Beeren entweder einen sehr wohlschmeckenden Saft oder eine Marmelade kochen.

Die Eberesche verfügt aber auch über eine harntreibende Wirkung, was du bei Erkältungskrankheiten oder Blasenentzündungen sehr gut nutzen kannst.

Ein harntreibender Tee bei Blasenentzündungen

Besonders bei Blasenentzündungen ist es wichtig, dass die Entzündungserreger sich nicht in der Blase festsetzen können und dabei möglicherweise noch weiter in den Unterleib wandern. Das kannst du erreichen, indem du viel trinkst. Ein harntreibender Eberschen-Tee kann bei einer solchen Erkrankung sehr gut helfen! Dazu gibst du einen Teelöffel getrocknete Beeren in einen Topf und gießt 200 Milliliter kaltes Wasser darüber. Lass das Wasser nun einmal stark aufkochen und zieh den Topf danach sofort vom Feuer. Anschließend siebst du die Beeren sorgfältig ab und trinkst täglich eine Tasse lauwarmen Tee. Wenn dich der herbe Geschmack der Beeren stört, kannst du den Tee natürlich mit etwas Honig süßen.

Wichtig: Obwohl die Früchte der Eberesche, also die Vogelbeeren, nicht giftig sind, enthalten sie unterschiedliche Stoffe, die bei manchen Menschen Übelkeit hervorrufen können. Doch erst in riesigen Überdosierungen (also etwa, wenn ein erwachsener Mensch 40 oder 50 Kilogramm davon essen würde) können diese Stoffe leicht giftig wirken. Roh schmeckt die Vogelbeere einfach grässlich und ist auch nicht besonders bekömmlich. Deshalb können wir Menschen sie – anders als zum Beispiel Vögel, Eichhörnchen oder Igel – nur in gekochter Form essen.

Eibisch

Botanischer Name: *Althaea officinalis*

Andere Namen: Filzpappel, Wollpappel, Samtpappel

Das musst du über Eibisch wissen

Eibisch schätzten die frühmittelalterlichen Hexen besonders, denn er kam – anders als heute – fast überall in der Natur vor und war ein begehrtes Heilmittel.

Den Eibisch kannst du im Garten ziehen, allerdings braucht er einen feuchten und nährstoffreichen Boden in sonniger Lage. Am besten kaufst du eine Jungpflanze, die du im Frühjahr einsetzt. Im Herbst kannst du die Wurzel ausgraben, waschen und anschließend trocknen.

Bei diesen Krankheiten setzt du Eibisch ein

Du verwendest vom Eibisch die getrocknete Wurzel als Tee gegen hartnäckigen Husten und bei Verdauungsbeschwerden oder als Gurgellösung bei Zahnfleischbluten und Zahnfleischentzündungen. Gegen Bronchitis oder Reizhusten ist ein Tee aus den getrockneten Blättern ein sehr gutes Mittel.

Ein Eibischwurzel-Tee gegen Husten und Verdauungsbeschwerden

Für den Wurzeltee gibst du vier gehäufte Teelöffel der getrockneten Wurzel in einen Topf und füllst einen halben Liter kaltes Wasser dazu. Diese Mischung lässt du nun sechs bis acht Stunden an einem kühlen Ort ziehen, siebst danach die Wurzelstücke heraus und erwärmst den Tee leicht – er darf allerdings nicht kochen! Trinke nun dreimal täglich eine Tasse heißen Eibischwurzel-Tee.

Die Eibischwurzel-Gurgellösung bei Zahnfleischentzündungen

Bei Zahnfleischbluten oder Zahnfleischentzündungen gurgelst du mit dem lauwarmen Tee dreimal täglich, bis die Beschwerden nachlassen. Hast du länger als drei Tage Zahnfleischbluten oder eine schmerzhafte Zahnfleischentzündung, solltest du auf jeden Fall zusätzlich deinen Zahnarzt zu Rate ziehen!

Engelwurz

Botanischer Name: *Angelica archangelica*

Andere Namen: **Angelikawurz, Erzengelswurzel, Angstheilwurz(el)**

Das musst du über Engelwurz wissen

Engelwurz ist ebenfalls ein Heilkraut, das schon die Hexen des Mittelalters gerne verwendeten. Da er aber verschiedene Stoffe enthält, die besonders für Schwangere schädlich sind, war er stets eines der Kräuter, die nur sehr erfahrene Hexen einsetzen durften.

Engelwurz kannst du im Garten oder im Topf selbst ziehen und kaufst dazu am besten eine Jungpflanze, die du im Frühjahr einsetzt. Die Blätter und Blattstiele kannst du kurz vor der richtigen Blüte ernten und trocknen.

Bei diesen Erkrankungen setzt du Engelwurz ein

Du setzt Engelwurz als Tee bei Magenbeschwerden und Blasenentzündungen, aber auch bei grippalen Infekten, Erkältungskrankheiten und als Appetitanreger nach langen Krankheiten ein.

Ein Engelwurz-Tee als Appetitanreger
Dafür gibst du einen halben Teelöffel getrocknetes Kraut in einen kleinen Topf und gießt 250 Milliliter kochendes Wasser darüber. Den Tee lässt du nun fünf Minuten lang abgedeckt ziehen und siebst danach die Kräuter sorgfältig ab. Vom lauwarmen Tee trinkst du eine Tasse jeweils vor dem Mittag- und dem Abendessen.

Wichtig: Schwangere dürfen das Engelwurz-Kraut keinesfalls verwenden, denn es enthält verschiedene Bestandteile, die für das ungeborene Kind sehr gefährlich sein können!

Enzian

Botanischer Name: *Gentiana lutea*

Andere Namen: Bitterwurz, Bergfieberwurzel, Großer Enzian, Hochwurz, Kreuzwurz

Das musst du über Enzian wissen

Enzian ist seit Urzeiten ein sehr wichtiges, als frei wachsende Pflanze allerdings bis heute seltenes und sehr kostbares Hexenkraut. Er wächst ausschließlich in Gebirgsregionen und steht dort, weil er über Jahrhunderte geerntet wurde, heute unter Naturschutz. Der Enzian, den du in der Apotheke oder dem Kräuterhandel kaufen kannst, stammt dagegen aus Zuchtbetrieben.

Du kannst Enzian zwar im Garten oder im Topf selbst ziehen, allerdings brauchst du sehr viel Geduld, denn es kann bis zu fünf Jahre dauern, bis du die Wurzel ernten kannst. Besser also, du kaufst den getrockneten Enzian in der Apotheke oder der Kräuterhandlung. Leider ist er relativ teuer.

Bei diesen Erkrankungen setzt du Enzian ein

Du setzt Enzian als Tee bei sehr vielfältigen Erkrankungen wie Erschöpfung, Entzündungen, starken Kopfschmerzen, Sodbrennen, Magenkrämpfen oder Durchfällen ein.

Ein Enzian-Tee bei Kopfschmerzen und Durchfall

Für den Tee gibst du einen halben Teelöffel getrocknetes Kraut in eine Tasse und füllst sie mit kochendem Wasser. Lass den Tee nun fünf Minuten abgedeckt ziehen, dann siebst du das Kraut sehr sorgfältig ab und trinkst den Tee lauwarm und am besten eine halbe Stunde vor einer Mahlzeit.

Wichtig: Der Enzian ist ein Kraut, das sehr stark sowohl auf den Magen als auch auf den Darm wirkt. Empfindliche Menschen vertragen Enzian manchmal nicht, deshalb solltest du bei der Dosierung immer sehr vorsichtig sein!

Erdbeere

Botanischer Name: *Fragaria vesca*

Andere Namen: Breslingbeere, Knickbeere, Kriecherbeere

Das musst du über die Erdbeere wissen

Wenn wir heute Erdbeerkuchen oder Erdbeerjoghurt essen, denken wir natürlich nicht daran, dass die Erdbeere ein uraltes Lebens- und Heilmittel ist. Für die Menschen des Mittelalters, die sich ihre Nahrung häufig in den damals noch riesigen Wäldern suchen mussten, war die Erdbeere ein wichtiger Bestandteil des Speiseplans und zugleich ein gesuchtes Heilmittel.

Erdbeeren selbst anzubauen lohnt sich kaum, denn sie brauchen viel Pflege und Schutz vor Singvögeln und Schnecken. Zur Erntezeit im Juni oder Juli kannst du Erdbeeren sehr preisgünstig auf Erdbeerfeldern pflücken und sofort verbrauchen oder einfrieren.

Bei diesen Erkrankungen setzt du die Erdbeere ein

Die Erdbeere enthält unter anderem sehr viele Vitamine. Du kannst sie sowohl bei Gicht und Rheumaerkrankungen einsetzen als auch bei Erkältungen, als fiebersenkendes Mittel, gegen Blähungen und Verstopfung und zur Blutreinigung. In welcher Form du die Erdbeere dabei anwendest, ist im Grunde genommen egal – sie sollte nur so frisch wie möglich sein! Die Kinder meiner besten Freundin sind zum Beispiel völlig verrückt nach halbierten Erdbeeren, die ich leicht zuckere, eine halbe Stunde im Kühlschrank ziehen lasse und dann mit etwas Milch übergieße. Ebenso kannst du aber auch reinen Erdbeersaft verwenden, indem du die Früchte in den Entsafter gibst.

Wichtig: So verlockend es auch ist, aber kaufe wenn möglich keine Erdbeeren mitten im Winter oder außerhalb der normalen Erdbeerzeit, die im Juni und Juli ist. Gründe dafür gibt es viele, denn meist sind diese importierten Erdbeeren mit Insekten- und Unkrautvernichtungsmitteln geradezu verseucht. Zum anderen sind diese Sorten meist eher wässrig und beinhalten nur einen Bruchteil der Wirkstoffe, die eine bei uns im Sommer gereifte Erdbeere enthält. Auch wirst du bei den importierten Früchten viele Druckstellen finden. Zudem schimmeln sie leicht, und Schimmel (dummerweise sieht man ihn in seiner Anfangsphase kaum) enthält gesundheitsschädliche Stoffe. Und noch etwas: Je kleiner die reife Erdbeere ist, desto mehr wertvolle Wirkstoffe enthält sie. Umgekehrt ist es genauso: Je größer die Frucht, desto mehr Wasser enthält sie.

Erika

Botanischer Name: *Galluna vulgaris*

Andere Namen: Besenheide, Grampe, Heidegras, Heidekraut, Immerschönkraut, Stahlgras

Das musst du über Erika wissen

Erika ist ein seit dem 2. Jahrhundert verwendetes Hexenkraut, das später von so bekannten Ärzten wie dem „Bäderdoktor" Kneipp eingesetzt und dadurch auch außerhalb der Hexengemeinschaft bekannt gemacht wurde.

Erika kannst du im Garten oder im Topf selbst ziehen, sie braucht aber einen trockenen und sandigen Boden. Die Erikablätter und -blüten kannst du im Mai und Juni ernten und trocknen.

Bei diesen Erkrankungen setzt du Erika ein

Erika kannst du bei starkem Husten und bei leichten Fällen von Rheuma als Tee und bei Hautausschlägen nach zu viel Sonne als Heilbad einsetzen.

Ein Erika-Tee gegen Husten und leichtes Rheuma

Für den Tee gibst du einen halben Teelöffel getrocknetes Kraut in eine Tasse und füllst sie mit kochendem Wasser. Lass den Tee nun zehn Minuten ziehen, siebe das Kraut ab und trinke täglich eine Tasse von dem lauwarmen Tee.

Ein Erika-Heilbad bei Hautausschlägen

Für ein Heilbad gibst du zwei gehäufte Esslöffel von dem Kraut in einen Topf und füllst 1,5 Liter kochendes Wasser dazu. Diese Mischung lässt du abgedeckt etwa 30 Minuten ziehen, siebst wiederum das Kraut heraus und gibst den Aufguss in das heiße Badewasser. Verwende keine weiteren Badezusätze, Seifen oder Shampoos und bleibe 25 bis 30 Minuten im Bad.

Estragon

Botanischer Name: *Artemisia dracunculus*

Andere Namen: **Drachenkraut, Schlangenzweig, Schlangenkraut**

Das musst du über Estragon wissen

Estragon kam im frühen Mittelalter aus den Steppen Asiens zu den europäischen Hexen, die ihn seither sehr erfolgreich einsetzten. Seine Heilwirkungen sind heute fast vergessen – deshalb verwenden ihn die meisten Menschen lediglich als Gewürz.

Estragon kannst du im Garten oder im Topf selbst ziehen, er braucht aber einen sonnigen und warmen Platz und verträgt keinen Frost. Am besten kaufst du eine Jungpflanze, die du im Frühjahr einsetzt. Die Blätter und Triebe kannst du den ganzen Sommer über ernten und frisch verwenden oder trocknen.

Bei diesen Erkrankungen setzt du Estragon ein

Estragon enthält viele Bitter- und Gerbstoffe sowie ätherische Öle, weshalb du ihn als Tee besonders gut bei Blaseninfekten einsetzen kannst. Durch seine harntreibende Wirkung werden die Erreger schnell aus dem Körper geschwemmt und die Krankheit damit schneller geheilt.

Ein Estragon-Tee bei Blasenentzündungen

Für den Estragontee gibst du einen gestrichenen Teelöffel getrocknetes Kraut in eine Tasse und füllst sie mit kochendem Wasser. Lass den Tee zehn Minuten offen ziehen und siebe dann das Kraut sorgfältig ab. Von dem lauwarmen Tee trinkst du zwei Tassen täglich.

Wichtig: Durch die starke harntreibende Wirkung des Estragons verliert der Körper viel Flüssigkeit. Besonders bei einem Blaseninfekt musst du also darauf achten, zusätzlich zum Estragon-Tee möglichst viel Wasser oder Früchtetee zu trinken, um den Flüssigkeitsverlust wieder auszugleichen! Estragon wirkt übrigens am besten, wenn du ihn so frisch wie möglich verwendest. Du kannst ihn zwar auch trocknen, dabei verliert er aber leider einen Großteil seiner heilsamen Wirkung. Wenn du frischen Estragon zu kaufen bekommst, nimmst du besser ein wenig mehr, denn er lässt sich problemlos einfrieren.

Eukalyptus

Botanischer Name: *Eucalyptus globulus*

Andere Namen: Blauer Fieberheilbaum, Blaugummibaum, Eisenbaum, Veilchenbaum

Das musst du über Eukalyptus wissen

Eukalyptus kennen wir eigentlich nur aus Asien oder Teilen von Australien – er wächst aber auch in Teilen Südeuropas. Von dort brachten ihn die Hexen des späten Mittelalters mit und erkannten bald seine vielfältigen Heilwirkungen.

Eukalyptus kannst du in unserem Klima leider nicht im Garten ziehen – selbst im Topf in der Wohnung ist das fast unmöglich. Am besten kaufst du den Eukalyptus deshalb in der Apotheke oder im Kräuterhandel.

Bei diesen Erkrankungen setzt du Eukalyptus ein

Du setzt Eukalyptus als Tee oder Inhalierbad bei Husten, verstopfter Nase und Erkältungskrankheiten ein, aber auch als Heilbad bei körperlicher Erschöpfung, zum Beispiel nach einer überstandenen Grippe.

Ein Eukalyptus-Tee bei starkem Husten

Für den Tee gibst du einen Teelöffel getrocknete Blätter in eine Tasse, füllst sie mit kochendem Wasser und lässt den Tee zehn Minuten abgedeckt ziehen. Nach dem Absieben der Blätter trinkst du den lauwarmen Tee zweimal täglich.

Ein Eukalyptus-Inhalierbad bei verstopfter Nase

Für das Inhalierbad kannst du zwar ebenfalls die Blätter verwenden (drei Esslöffel auf einen Liter kochendes Wasser), besser aber ist das Eukalyptus-Öl. Je nach Konzentration des Öls (auf der Verpackung oder der Flasche steht meist die richtige Dosierung) gibst du drei bis sechs Tropfen in eine Schüssel oder einen Topf mit kochend heißem Wasser und rührst diese Mischung gut um. Wenn das Wasser leicht abgekühlt ist (es muss aber noch dampfen!), setzt du dich vor die Schüssel und atmest den warmen Dampf fünf Minuten lang tief ein.

→

Ein Eukalyptus-Heilbad bei Erkältungskrankheiten

Für das Heilbad gibst du zehn bis 20 Tropfen Öl in das heiße Badewasser und bleibst zehn Minuten darin liegen.

Wichtig: Eukalyptus enthält sehr starke ätherische Öle, die die Schleimhäute reizen können. Achte deshalb stets auf die richtige Dosierung und beginne, wenn du dir nicht sicher bist, lieber mit einer etwas niedrigeren Dosis. Besonders beim Inhalierbad kann das Eukalyptusöl sehr scharf wirken. Deshalb musst du hier besonders vorsichtig mit der Dosierung sein. Um eine Reizung der Bindehäute zu vermeiden, hältst du die Augen während des Inhalierens am besten geschlossen.

Feige

Botanischer Name: *Ficus carica*

Andere Namen: Türkische Pflaume, Echter Feigenbaum

Das musst du über die Feige wissen

Die Feige ist eine Ausnahme unter den Hexenkräutern und -pflanzen, denn sie kam erst relativ spät (um 1400) aus dem Orient nach Europa. Dennoch merkten die damalige Hexen sehr schnell, welche heilsamen Wirkungen die Feige hat. Feigenbäume wachsen in unserem Klima leider nicht, deshalb musst du diese wunderbaren Früchte kaufen.

Bei diesen Erkrankungen setzt du die Feige ein

Du isst sie bei Verstopfungen wie auch bei Zahnfleischentzündungen. Feigen bekommst du normalerweise in getrockneter Form – diese Früchte solltest du aber nur im Notfall verwenden, denn häufig sind sie zusätzlich gezuckert und zur Haltbarmachung obendrein geschwefelt. Am besten nimmst du deshalb frische Feigen, die du in fast jedem türkischen Lebensmittelgeschäft bekommst. Willst du die Feigen selbst haltbar machen, geht das mit einem Trockenautomaten, wie ich ihn dir auf Seite 129 vorstelle, am besten. Hast du keinen Trockenautomaten, kannst du die Feigen auch im Ofen trocknen. Auf was du dabei achten musst, zeige ich dir auf Seite 129.

Zur Vorbeugung

Frische Feigen enthalten sehr viele Vitamine und sind ein guter Schutz gegen Erkältungskrankheiten. Im Winter solltest du deshalb am besten zwei- bis dreimal wöchentlich eine frische Feige essen.

Fenchel

Botanischer Name:
Foeniculum vulgare

Andere Namen:
Felsknolle, Gewürzfenchel, Sandknolle

Das musst du über Fenchel wissen

Fenchel und seine vielfältigen Heilwirkungen kannten schon die keltischen Hexen der Bronzezeit – damals wuchs diese würzige Pflanze natürlich noch wild und nicht wie heute in Plantagen. In den Zeiten der Kreuzzüge verbreitete der Fenchel sich bis nach Nordeuropa – besonders beliebt ist er bis heute in Italien, wo zahlreiche wohlschmeckende Gerichte mit ihm zubereitet werden. Fenchel kannst du im Garten oder im Topf selbst ziehen. Nach der Aussaat im Frühjahr kannst du die Samen im Oktober ernten.

Bei diesen Erkrankungen setzt du Fenchel ein

Du setzt die Fenchelsamen bei Blähungen, Verdauungsproblemen, Durchfällen und Erkältungen als Tee ein. Die Knolle kannst du als Salat oder Speisenzugabe und das Kraut als Würzmittel, beispielsweise für Fischgerichte, verwenden.

Ein Fenchelsamen-Tee gegen Durchfälle und Blähungen

Für den Tee nimmst du einen gestrichenen Teelöffel getrocknete Samen und zerdrückst sie vor der Zubereitung leicht. Anschließend gibst du sie in eine Tasse und füllst diese mit kochendem Wasser. Lass den Tee nun zehn Minuten abgedeckt ziehen und siebe die Samen dann sehr sorgfältig ab. Um Verdauungsprobleme zu kurieren, trinkst du täglich drei Tassen des lauwarmen Tees.

Ein Fenchelsamen-Tee bei Erkältungskrankheiten

Bei Erkältungskrankheiten trinkst du den oben beschriebenen Tee ebenfalls dreimal täglich, allerdings so heiß wie möglich und mit etwas Honig gesüßt.

Wichtig: Fenchel enthält sehr starke ätherische Öle, die manche Menschen nicht vertragen und auf die sie manchmal sogar allergisch reagieren. Besonders Schwangere sollten deshalb mit der Dosierung des Tees sehr vorsichtig sein!

Fetthenne

Botanischer Name: *Sedum reflexum*

Andere Namen: **Felsenkraut, Mauerpfeffer, Tripmadam**

Das musst du über die Fetthenne wissen

Bereits die keltischen Hexen kannten die Fetthenne als sehr wirksames Heilkraut. Im späten Mittelalter entdeckten auch die Mönche deren Kräfte und machten sie damit in ganz Europa bekannt.

Die Fetthenne ist eine sehr anspruchslose Pflanze, die sich ohne Probleme im Garten oder einem Töpfchen ziehen lässt. Von der Fetthenne werden nur die Blätter verwendet, die du das ganze Jahr über ernten kannst. Trocknen lassen sich die Blätter jedoch nicht, so dass du sie frisch oder tiefgefroren einsetzen musst.

Bei diesen Erkrankungen setzt du die Fetthenne ein

Die Fetthenne verwendest du bei Schwellungen, etwa nach Prellungen, aber auch bei leichten Entzündungen der Haut.

Ein Fetthenne-Umschlag bei Schwellungen und leichten Entzündungen

Dazu gibst du ein bis zwei Esslöffel frische Blätter in einen Mörser und zerkleinerst sie mit einigen Tropfen Olivenöl zu einer geschmeidigen Masse. Diese stellst du für zwei bis drei Stunden in den Kühlschrank, streichst sie dann auf die betroffenen Körperstellen und deckst sie mit einem lockeren Verband ab. Die Masse sollte ein bis zwei Stunden einwirken, zumindest aber so lange, bis die ersten Schmerzen nachlassen.

Ein Fetthenne-Umschlag bei Hautentzündungen

Besonders bei Pickeln oder kleinen Hautentzündungen kann ein Fetthenne-Umschlag sehr gut helfen. Dazu gibst du einen Teelöffel sehr fein gehackte Blätter auf ein Tuch oder eine kleine Mullkompresse und legst diese 30 Minuten lang auf die betroffene Hautstelle.

Eine Fetthenne-Sauce zur Stärkung des Immunsystems

Die Fetthenne schmeckt leicht säuerlich und lässt sich deshalb sehr gut als gesunder Dip, zum Beispiel für frisches oder gegrilltes Gemüse, verwenden. Dazu gibst du zwei Teelöffel sehr fein gehackte Blätter in einen kleinen Becher Quark oder leichte Mayonnaise, rührst diese Mischung gut durch

und würzt sie nach Geschmack mit Salz und frisch gemahlenem Pfeffer. Noch wirksamer und gesünder wird die Sauce übrigens, wenn du zusätzlich eine kleine Knoblauchzehe hineinpresst und diese gut untermischst.

Zur Vorbeugung

Die Fetthenne enthält unter anderem Gerbstoffe, die blutdrucksenkend wirken. Wenn ein Mensch zu hohem Blutdruck neigt, kannst du ihm empfehlen, ein- bis zweimal wöchentlich zwei Teelöffel der gehackten Blätter in einem Salat zu essen.

Fichte

Botanischer Name: *Pinus abies*

Andere Namen: Harztanne, Pechtanne, Rottanne, Schwarztanne

Das musst du über die Fichte wissen

Die Fichte ist seit frühkeltischer Zeit eine wichtige Heilpflanze. Allerdings hat ihr der Volksmund falsche Namen gegeben, so dass es immer wieder zu Verwechslungen mit der Tanne kommt. Das einfachste Unterscheidungsmerkmal sind die Zapfen der Fichte und der Tanne: Bei der Fichte hängen die Zapfen mit der Spitze nach unten, bei der Tanne stehen sie dagegen aufrecht auf den Zweigen.
Wenn du eine Fichte im Garten hast, ist das natürlich ein echter Glücksfall. Die Fichtenspitzen kannst du dann von Mai bis in den Frühsommer ernten.

Bei diesen Erkrankungen setzt du die Fichte ein

Obwohl unsere Wälder voller Fichten sind, ist es gar nicht so einfach, an die feinen Fichtenspitzen zu kommen, die du für ein hustenlösendes und beruhigendes Heilbad brauchst. Wenn du im Wald unterwegs bist, so kannst du im Frühsommer die Fichtenspitzen mit einer kleinen Schere abtrennen. Achte aber bitte darauf, dass du dazu keine jungen, sondern nur ausgewachsene Bäume auswählst.

Ein hustenlösendes Fichten-Heilbad

Für das Heilbad gibst du eine Hand voll Fichtenspitzen in einen Topf und füllst einen viertel Liter kochendes Wasser hinzu. Diesen Aufguss lässt du nun 30 Minuten ziehen, gibst ihn danach in das heiße Badewasser und bleibst fünfzehn Minuten in diesem Bad sitzen.

Gänseblümchen

Botanischer Name: *Bellis perennis*

Andere Namen: Anserine, Gänseblume, Gänsekraut, Gänsegarbe, Gänserich, Himmelsblume, Marienblümchen, Maßliebchen, Rupfblume, Silberkraut

Das musst du über das Gänseblümchen wissen

Weil das Gänseblümchen – obwohl es so harmlos aussieht und fast überall wie Unkraut wächst – eine ganz besondere Pflanze ist, will ich an dieser Stelle auch etwas genauer darauf eingehen. An der Vielzahl seiner unterschiedlichen Namen kannst du bereits sehen, dass das Gänseblümchen seit langer Zeit bekannt ist. Bei unseren keltischen Vorfahren war das Gänseblümchen eine heilige Pflanze, denn bereits die Menschen vor fast 4000 Jahren erkannten, dass diese Blume voller Heilkräfte steckt. Um so trauriger ist es, dass dieses Wissen heute fast völlig verloren gegangen ist und das Gänseblümchen deshalb besonders von Gartenliebhabern wie ein Unkraut behandelt und einfach abgemäht wird. Noch schlimmer: In manchen Parks wird sogar ein spezielles Unkrautvernichtungsmittel gegen diese wundervolle Heilpflanze eingesetzt, weil man lieber grüne Rasenflächen sehen möchte als die fröhlich weißen Farbtupfer, die die „Gänseblümchenwälder" dort sonst entstehen ließen. Eine Ausnahme bilden die britischen Inseln: Hier haben es die frühen Hexen geschafft, den Menschen den Wert des Gänseblümchens begreiflich zu machen. Und so finden wir heute in England viele wunderschöne Gärten, die vor Gänseblümchen nur so strotzen!

Besonders für die Menschen des Mittelalters war das Gänseblümchen eines der wichtigsten Heilkräuter überhaupt, denn seine Wirkungen sind breit gefächert und es wuchs schon damals von März bis Oktober und war überall zu finden. Die Menschen verwendeten das Gänseblümchen aber nicht nur als reine Heilpflanze – aufgrund der großen Armut und der häufigen Hungersnöte stand das Gänseblümchen fast täglich als Salat oder Suppe auf dem Speiseplan.

Gänseblümchen sind sehr anspruchslos, und du kannst sie sowohl im Garten als auch im Topf selbst ziehen. Wenn sie nicht schon im Garten wachsen, säst du sie einfach aus und kannst vom Frühjahr bis in den Herbst hinein ernten.

Bei diesen Erkrankungen setzt du das Gänseblümchen ein

Wie schon gesagt: Das Gänseblümchen steckt voller starker Heilkräfte und wirkt bei sehr vielen Erkrankungen lindernd, aber auch vorbeugend, besonders bei Erkältungskrankheiten. Grundsätzlich wirkt das Gänseblümchen blutreinigend, es stärkt das Immunsystem des Körpers, regt

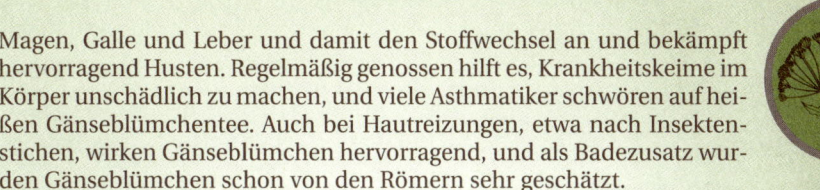

Magen, Galle und Leber und damit den Stoffwechsel an und bekämpft hervorragend Husten. Regelmäßig genossen hilft es, Krankheitskeime im Körper unschädlich zu machen, und viele Asthmatiker schwören auf heißen Gänseblümchentee. Auch bei Hautreizungen, etwa nach Insektenstichen, wirken Gänseblümchen hervorragend, und als Badezusatz wurden Gänseblümchen schon von den Römern sehr geschätzt.

Einsetzen kannst du das Gänseblümchen in fast jeder Form: als Salat oder Salatbeigabe, als Tee oder als Creme und Salbe. Was das Gänseblümchen dabei so einzigartig macht, ist die Tatsache, dass du mit fast jeder Zubereitungsform eine breite Wirkung erzielen kannst. Verwendet werden vom Gänseblümchen die Blütenkörbe (die man auch Kapern nennt, weil sie tatsächlich so ähnlich schmecken) und die einzelnen Blüten (die gelben und die weißen Blüten sehen wie Blütenblätter aus, tatsächlich ist aber jedes „Blatt" eine Blüte).

Ich will dir nun einige Beispiele für Gänseblümchenrezepte zeigen, die sich seit vielen hundert Jahren nicht geändert haben und heute noch genauso wirkungsvoll sind wie damals.

Gänseblümchenblüten als Salatbeigabe

Salate sind natürlich besonders in der Erkältungszeit ein wirksames Mittel, um gesund zu bleiben – zusammen mit dem Gänseblümchen wird jeder Salat aber noch wirkungsvoller. Dazu gibst du drei Teelöffel weiße Blüten in den Salat und mischst ihn gut durch. Da diese etwas bitter sind, schmecken sie vielleicht nicht jedem. Den leicht bitteren Geschmack kannst du aber neutralisieren, indem du statt eines herkömmlichen Essigs einen Balsamico-Essig verwendest. Wenn du einen besonders immunstärkenden Salat mischen willst, so gibst du zusätzlich eine halbe Hand voll Löwenzahnblätter und eine halbe, sehr fein gehackte Knoblauchzehe hinzu.

Gänseblümchenblütenköpfe als Salatbeigabe

Die Blütenköpfe verwendest du wie die weißen Blüten und gibst etwa zwei Esslöffel davon in den Salat. Auch hier musst du aber wieder beachten, dass manche Menschen den etwas herben Geschmack vielleicht nicht besonders gerne mögen. Mit einem kleinen Trick kannst du diesen Geschmack aber ebenfalls entschärfen: Dazu erhitzt du ein wenig Olivenöl (nicht mehr als einen halben Teelöffel) in einer Pfanne. Wenn das Öl richtig heiß ist, gibst du die Blütenköpfe in die Pfanne, rührst sie vorsichtig etwa 30 Sekunden lang um und nimmst sie dann sofort heraus. Wenn du nun statt des üblichen Essigs wieder den sehr aromatischen Balsamico-Essig verwendest, ist der starke Eigengeschmack der Gänseblümchen fast verschwunden – ihre wunderbare Wirkung aber bleibt erhalten. →

Gänseblümchen als Tee

Der Gänseblümchen-Tee ist einer der ältesten und wirksamsten Heiltees überhaupt. Du kannst ihn sowohl zur Vorbeugung von Erkältungskrankheiten als auch bei Fieber und Husten einsetzen. Am besten wirkt der Tee natürlich mit frischen Gänseblümchen. Du kannst aber ebenso die getrockneten Pflanzen verwenden, musst dann allerdings eine etwas andere Dosierung einsetzen.

Gib einen Esslöffel frische (oder 1,5 Esslöffel getrocknete) Blüten und Blätter in eine Tasse und fülle diese mit kochendem Wasser. Lass den Tee nun fünf Minuten (bei getrockneten Pflanzen zehn Minuten) ziehen und siebe die Blüten und Blätter danach sorgfältig ab. Den heißen Tee trinkst du nun zweimal täglich – wenn dich der bitterherbe Geschmack stört, kannst du einen Teelöffel Honig hinzugeben.

Gänseblümchen als erste Hilfe bei Insektenstichen

Manche Insektenstiche jucken wirklich schrecklich, und bei einer empfindlichen Haut zeigen sich schnell große rote Pusteln. Völlig vermeiden kannst du das zwar nicht, sollte es dich aber unterwegs, beispielsweise bei einer Wanderung im Wald, erwischen, kannst du dir mit einem Gänseblümchen gut helfen. Dazu zerreibst du zwei oder drei Blütenköpfe fest auf dem Insektenstich, wobei die austretenden Tropfen Pflanzensaft den Stich möglichst bedecken sollten. Nach ein paar Minuten lässt der Juckreiz nach. Du kannst diese Behandlung dann ruhig noch ein- bis zweimal wiederholen.

Ein Entspannungsbad mit Gänseblümchen

Das kennst du bestimmt: An manchen Tagen scheint alles schief zu gehen, und nichts funktioniert, wie man es geplant hat. Man kommt ärgerlich und verspannt nach Hause und statt sich ein paar gute Gedanken zu machen, muffelt man vor sich hin und erfreut damit weder sich selbst noch seine Umgebung. Wenn du einen solchen Tag hattest, dann mach dich am besten gleich auf die Suche nach zwei bis

drei Händen voll Gänseblümchen! Zupfe die Stängel ab und lege die Blüten und Blätter in einen Gefrierbeutel oder eine Plastiktüte. Mit einem Nudelholz rollst du nun mit leichtem Druck über die Plastiktüte – die Blüten und Blätter werden dabei leicht gequetscht und beginnen, ihre Wirkstoffe abzugeben. Nun gibst du den Inhalt der Tüte ins Badewasser, mischst es gut durch und genießt das Bad 15 Minuten. Schon nach ein paar Minuten wirst du die entspannende Wirkung bemerken!

Zur Vorbeugung

Willst du Erkältungskrankheiten meiden, solltest du jeden Tag eine Tasse Gänseblümchentee trinken oder jeden zweiten Tag die Blätter und Blüten in einem Salat essen. Aber auch für den Frühstückstisch eignen sich die Gänseblümchen – gib einfach einen Teelöffel der Blätter oder Blütenköpfe (oder wenn du magst auch beides) in dein Müsli oder mische sie in Honig für einen Brotaufstrich. Achte aber darauf, dass du eher einen herben Wildhonig verwendest – in einem süßen „Normalhonig" schmeckst du nämlich den herben Bittergeschmack der Gänseblümchen sehr viel stärker.

Wichtig: Gänseblümchen entfalten ihre Wirkung am besten in möglichst frischem Zustand – also direkt von der Wiese in die Küche! Achte bei der Ernte darauf, dass die Gänseblümchen nicht von einer mit Dünger oder Unkrautvernichtungsmitteln bearbeiteten Wiese stammen. Gänseblümchen, die direkt neben viel befahrenen Straßen wachsen, sind natürlich nicht für die Küche geeignet. Auch in öffentlichen Parks sind die Pflanzen meistens ziemlich verschmutzt – und zwar meist mit Hundekot. Am besten erntest du die Gänseblümchen deshalb im eigenen Garten. Hast du keinen Garten, pflanzt du die Gänseblümchen einfach in einem Minigewächshaus auf der Fensterbank oder im Sommer im Blumenkasten auf dem Balkon an. Trocknen kannst du Gänseblümchen im Sommer einfach, indem du sie beispielsweise auf ein schwarzes Backblech in die Sonne legst. Du kannst Gänseblümchen aber auch einfrieren. Dazu füllst du einen Eiswürfelbereiter mit kaltem Wasser und legst in jedes Fach ein Gänseblümchen ohne Stil.

Geißbart

Botanischer Name: *Spiraea aruncus*

Andere Namen:
Bocksbart, Spierstaude, Wiesengeißbart

Das musst du über Geißbart wissen
Geißbart ist seit dem späten Mittelalter ein bekanntes und sehr verbreitetes Heilkraut, das auch moderne Hexen sehr gerne einsetzen.
Du könntest Geißbart zwar selbst im Garten ziehen, er benötigt aber eigentlich einen sehr feuchten Platz wie ein Fluss- oder Seeufer. Deshalb ist es am besten, wenn du den Geißbart in der Apotheke oder Kräuterhandlung kaufst.

Bei diesen Erkrankungen setzt du Geißbart ein
Du verwendest den Geißbart bei Ischiasbeschwerden und dem so genannten Hexenschuss.

Eine Geißbart-Packung bei Hexenschuss
Für einen Umschlag gibst du drei Esslöffel getrocknetes Kraut (nicht die Blüten!) in einen Topf und füllst 100 Milliliter kochendes Wasser hinzu. Diesen Aufguss lässt du 20 Minuten abgedeckt ziehen und kochst ihn danach noch einmal ganz kurz auf. Nun holst du das Kraut mit einem Sieb aus dem Wasser und legst es auf ein ausgebreitetes Leinentuch oder auf ein dünnes Handtuch. Verteile die Masse gleichmäßig dünn auf dem Tuch und schlage es so ein, dass die Kräutermasse nicht herausfallen kann. Dann wird die Packung auf die betroffene Partie gelegt. Dort lässt du sie so lange liegen, bis sie vollständig abgekühlt ist. Bei starken Schmerzen kannst du eine solche Packung bis zu dreimal täglich anwenden.

Gewürznelke

Botanischer Name: *Eugenia aromatica*

Andere Namen: Riechnelke, Zahnheil

Das musst du über die Gewürznelke wissen

Die Gewürznelke war bis ins 18. Jahrhundert hinein eine ausgesprochen seltene und deshalb auch teure Heilpflanze. Die Hexen des Mittelalters hatten nur selten die Chance, Gewürznelken einzusetzen, denn sie erreichten Europa nur über große Umwege aus den tropischen Regionen der Welt. Trotzdem erkannten die Hexen (und später dann die Mönche), dass sich Gewürznelken sehr erfolgreich zur Linderung bestimmter Krankheiten einsetzen lassen. Die Gewürznelke wächst leider nur in tropischem Klima, deshalb kannst du sie in unseren Breiten nicht selbst ziehen, sondern musst sie kaufen.

Bei diesen Erkrankungen setzt du die Gewürznelke ein

Nelken verwendest du vor allem bei leichten bis mittelstarken Zahnschmerzen. Allerdings nur zur kurzzeitigen Schmerzlinderung, wenn du gerade keine Chance hast, zum Zahnarzt zu gehen. Auch als Mittel gegen Magenschmerzen nach einem zu schweren Essen oder zu viel Kaffeegenuss ist die Gewürznelke sehr wirkungsvoll. Da sie ein sehr starkes Aroma verströmt, das die meisten Insekten nicht leiden können, kannst du sie ebenfalls als völlig chemie- und giftfreies Abwehrmittel gegen Insekten benutzen.

Gewürznelken-Öl bei Zahnschmerzen

Um es gleich vorweg zu sagen: Du kannst das Nelkenöl natürlich selbst herstellen – das bedeutet allerdings sehr viel Arbeit. Besser ist es deshalb, wenn du es in einem kleinen Fläschchen in der Apotheke kaufst. Wichtig ist dabei nur, dass du reines Gewürznelkenöl nimmst und keinesfalls ein Nelken-Duftöl, wie es für Duftlampen benutzt wird! Bei Zahnschmerzen gibst du einen Tropfen Öl auf den Zeigefinger und tupfst es auf den schmerzenden Zahn sowie auf das betroffene Zahnfleisch.

Ein Gewürznelken-Tee bei Magenschmerzen

Bei leichten Magenschmerzen gibst du zwei getrocknete Gewürznelken in eine Tasse und füllst diese mit kochendem Wasser auf. Lass diesen Tee nun 30 Minuten abgedeckt ziehen, rühre ihn um und entferne dann die Gewürznelken. Vom lauwarmen Tee trinkst du täglich zwei Tassen.

→

Gewürznelken gegen Motten

Um Motten aus dem Kleiderschrank zu vertreiben, spickst du eine frische Zitrone mit zehn bis 15 Gewürznelken. Lass die Zitrone nun einen Tag lang leicht antrocknen, lege sie dann auf ein kleines Stofftuch und platziere sie im Kleiderschrank. Dieses Mittel gegen Motten hält viele Monate lang, und die Zitrone wird weder schimmelig noch faul!

Giersch

Botanischer Name: *Aegopodium podagraria*

Andere Namen: Geißfuß, Gichtkraut, Waldspinat, Zipperleinkraut

Das musst du über Giersch wissen

Giersch ist eines der sehr alten Hexenkräuter, und ähnlich wie das Gänseblümchen kam er schon in der Bronzezeit als Gemüse auf den Tisch. Auch wenn er manchmal Waldspinat oder wilder Spinat genannt wird, hat er mit dem Spinat nichts zu tun, sondern ist als Doldenblütler eher mit der Petersilie verwandt. Vom Giersch verwendest du die Blüten, die Blätter und die Blattstiele.

Giersch kannst du im Garten oder im Blumenkasten selbst ziehen. Dabei musst du allerdings beachten, dass sich Giersch besonders stark vermehrt (sogar noch stärker als die Brennnessel!) und ständig beigeschnitten werden muss! Ernten kannst du die Gierschblätter das ganze Jahr über, da sie immer wieder neu austreiben.

Wichtig: Giersch solltest du, auch wenn er in der freien Natur in großen Mengen vorkommt, nur dann selbst ernten, wenn du ihn genau identifizieren kannst! Eine Gefahr ist nämlich, dass es in der Familie der Doldenblütler viele giftige Vertreter gibt, die dem Giersch sehr ähnlich sehen!

Bei diesen Erkrankungen setzt du Giersch ein

Giersch kannst du sowohl bei Rheuma und Gicht als auch zur Bekämpfung und Vorbeugung von Erkältungskrankheiten einsetzen. Du solltest ihn frisch verwenden und nur im Notfall auf tiefgefrorenen zurückgreifen.

Ein Giersch-Tee gegen Rheuma

Um Rheuma und Gichterkrankungen zu lindern, setzt du am besten einen Tee ein. Dazu gibst du zwei Esslöffel fein gehackte Gierschblätter in einen Topf und füllst einen halben Liter kochendes Wasser dazu. Diesen Aufguss lässt du nun zehn bis 15 Minuten lang ziehen, rührst ihn noch einmal um und siebst anschließend die Blätter sorgfältig ab. Den lauwarmen Tee trinkst du mit etwas Honig gesüßt zweimal täglich.

Giersch als Salatzugabe bei Erkältungskrankheiten

Um in der Erkältungszeit Infektionen zu vermeiden, nutzt du einfach den sehr hohen Vitamin-C-Gehalt des Giersch: Wähle eine Hand voll möglichst junge Blätter und Triebe, schneide sie klein und gib sie zum Salat.

Giersch als Brotaufstrich

Giersch schmeckt wunderbar würzig und ergibt damit einen sehr gesunden und zugleich leckeren Brotaufstrich. Dazu hackst du einfach einen Esslöffel möglichst junge Blätter sehr fein (du kannst sie auch in der Küchenmaschine pürieren) und mischst sie dann unter Frischkäse oder Quark, den du anschließend mit etwas Salz und Pfeffer würzt.

Goldrute

Botanischer Name: *Solidago virgaurea*

Andere Namen: Flußgoldbaum, Wegegold

Das musst du über die Goldrute wissen

Die Goldrute und ihre Heilwirkungen kannten schon unsere keltischen Hexenvorfahren. Für sie war die Goldrute eine heilige Pflanze, denn sie wuchs (und das tut sie noch heute) meist an Quellen, die bei den Kelten und späteren Germanen heilige Kultorte waren.

Goldrute kannst du im Garten und im Topf selbst ziehen, sie braucht aber einen sonnigen Platz und einen leicht sandigen Boden. Am besten kaufst du eine Jungpflanze und setzt sie im Frühling ein. Ernten und trocknen kannst du die Sprossenspitzen von Ende Juni bis in den späten September.

Bei diesen Erkrankungen setzt du die Goldrute ein

Die Goldrute hat eine stark harntreibende Wirkung, so dass du sie sehr gut als Tee bei Blaseninfektionen verwenden kannst. Dieser Tee wirkt übrigens auch bei leicht rheumatischen Beschwerden. Weil die Goldrute auch leicht desinfizierend wirkt, hilft sie ebenfalls als Gurgellösung bei Halsentzündungen.

Ein harntreibender Goldruten-Tee bei Blaseninfektionen

Gib etwa einen halben Teelöffel getrocknetes Goldrutenkraut in einen Topf und fülle 250 Milliliter kochendes Wasser hinzu. Decke den Topf ab und lass den Tee zehn Minuten ziehen. Nun siebst du das Kraut sorgfältig ab und trinkst täglich zwei Tassen des lauwarmen Tees.

Eine Goldruten-Gurgellösung bei Halsentzündungen

Bei schmerzhaften Halsentzündungen bereitest du wieder wie oben einen Tee zu, bei dem du zwei Teelöffel getrocknetes Kraut in den Topf gibst. Nach zehnminütigem Ziehen des Tees, siebst du das Kraut ab. Lass den Tee völlig abkühlen und gurgle mit dieser Lösung jeweils morgens und abends drei Minuten lang. Achte dabei darauf, dass du so wenig wie möglich von der Gurgellösung schluckst!

Wichtig: Viele von uns (ich übrigens auch!) leiden an Heuschnupfen. Mit schuld daran sind die Pollen der Goldrute, weshalb ich mir bei der Zubereitung des Tees einfach eine Staubschutzmaske über Mund und Nase ziehe. Diese Masken bekommst du als so genannte Feinstaubmasken übrigens für einige Euro in jedem Baumarkt.

Gundermann

Botanischer Name: *Glechoma hederacea*

Andere Namen:
Erdefeu, Erdkränzlein, Gundelrebe, Gutermann, Herderich

Das musst du über Gundermann wissen

Gundermann ist ein uraltes Heilkraut, das im Mittelalter zusammen mit Löwenzahn und Gänseblümchen ein wichtiger Bestandteil des täglichen Speiseplans war. Heute ist er leider fast in Vergessenheit geraten und wird von Gärtnern oft als Unkraut behandelt.

Gundermann kaufst du am besten als Samen und ziehst ihn dann selbst im Garten oder im Topf. Er wächst übrigens am liebsten in der Nähe von Brennesseln und Giersch. Einmal gepflanzt kannst du ihn das ganze Jahr über ernten und trocknen.

Bei diesen Erkrankungen setzt du Gundermann ein

Der Gundermann ist sehr wirkungsvoll bei Magenschmerzen und Durchfällen sowie bei Entzündungen und Hautgeschwüren. Wegen seines hohen Vitamingehalts ist er eine große Hilfe, um Erkältungskrankheiten vorzubeugen.

Ein Gundermann-Tee bei Magen-Darm-Erkrankungen

Gib einen Teelöffel getrocknetes Gundermannkraut in eine Tasse und fülle kochendes Wasser hinein. Lass den Tee fünf Minuten abgedeckt ziehen, siebe das Kraut sorgfältig ab und trinke täglich eine Tasse des lauwarmen Tees.

Ein Gundermann-Umschlag bei Entzündungen und Hautgeschwüren

Für einen Umschlag gibst du sechs Esslöffel des getrockneten Krautes in einen Topf und füllst einen halben Liter kochendes Wasser dazu. Lass diesen Aufguss 15 Minuten abgedeckt ziehen, wobei du ihn ein- bis zweimal umrührst. Lege ein möglichst dünnes Handtuch ins Waschbecken und gieße den Topfinhalt darauf. Lass das Wasser abtropfen und schlage das Handtuch so ein, dass die Kräutermasse nicht herausfallen kann. Diese Packung legst du auf die betroffene Hautstelle und lässt sie dort so lange liegen, bis sie ausgekühlt ist.

Gundermann als Salatzugabe gegen Erkältungskrankheiten

In der kalten und dunklen Jahreszeit brauchen wir einfach mehr Vitamine, um gesund zu bleiben, wofür der Gundermann bestens geeignet ist. Mische einfach etwas klein geschnittenes Kraut in den Salat – besonders gut wirkt der Gundermann übrigens, wenn im Salat auch noch Löwenzahn und etwas Knoblauch sind!

Gurke

Botanischer Name: *Cucumis sativus*

Andere Namen: Grünzahn, Langenstengel

Das musst du über die Gurke wissen

Gurken kennen wir in vielen unterschiedlichen Formen und Arten: Meist werden bei uns die Salatgurken und die viel kleineren Gewürz- und Gemüsegurken verwendet. Genauso wie die Senfgurken sind diese Arten allerdings „moderne" Gurken – also solche, die erst in den letzten 150 Jahren gezüchtet wurden. Die Gurken, die bereits die Hexen des frühen Mittelalters kannten, sahen im Vergleich zu unseren heutigen Sorten ziemlich mickrig aus. Sie waren viel kleiner, unregelmäßiger geformt und sehr dunkel; dafür enthielten sie aber auch mehr heilsame Substanzen, als moderne Züchtungen das tun. Trotzdem sind auch unsere heutigen Gurken noch stark wirkende Heilpflanzen – dummerweise haben die meisten Menschen das allerdings vergessen.

Gurken kannst du im Garten selbst ziehen; allerdings werden manche Arten sehr gerne von Schnecken befallen, die in wenigen Tagen die gesamte Ernte vernichten können. Am einfachsten ist es deshalb, wenn du die Gurken beim Gemüsehändler kaufst.

Bei diesen Erkrankungen setzt du die Gurke ein

Die Gurke setzt du bei Flechtenerkrankungen der Haut wie etwa der Schuppenflechte und bei starkem Husten als Umschläge ein. Den Saft der ausgepressten Gurke verwendest du zur Anregung des Appetits und des Stoffwechsels, die klein geschnittene Gurke als nährstoffreiche Zugabe zu Salat oder als Beimischung in einen Quark oder Frischkäse.

Eine Gurken-Packung bei Schuppenflechte

Für die Gurken-Packung verwendest du am besten die noch nicht ganz reifen Gemüsegurken. Davon nimmst du etwa sechs Stück, wäschst sie gründlich und zerkleinerst sie zu einem Brei (das geht am besten mit einer Küchenmaschine). Den pürierten Gurkenbrei lässt du in einem Sieb kurz abtropfen, gibst fünf Teelöffel grobes Meersalz hinzu und mischst den Brei gründlich durch. Nun legst du in einem großen Topf oder im Waschbecken ein möglichst dünnes Handtuch aus (am besten ist ein dünnes Leinen- oder Baumwolltuch wie etwa ein altes Bettlaken) und füllst den Gurkenbrei darauf. Schlage das Tuch nun so zusammen, dass der Brei nicht herausläuft, und lege diese Packung auf die betroffene Körperstelle. Um eventuell austretenden Gurkensaft aufzufangen, kannst du noch ein großes Handtuch zur Hilfe nehmen. Die Packung lässt du nun etwa eine halbe Stunde liegen, mindestens so lange, bis sie sich leicht zu erwärmen beginnt.

Eine Gurken-Packung bei starkem Husten

Für die Gurken-Packung bei starkem Husten verfährst du wie oben beschrieben. Zum Gurkenbrei mischst du aber zusätzlich drei in der Küchenmaschine pürierte Zwiebeln. Nach Abtropfen des Breis gibst du ihn in einen Topf und erwärmst ihn langsam. Dabei darf der Brei höchstens 40 Grad Celsius warm werden, was du mit einem Fieberthermometer gut überprüfen kannst. Hat er die richtige Temperatur, gibst du ihn auf das Baumwoll- oder Leinentuch und legst diese Packung auf die Brust. Dort lässt du sie so lange, bis sie beginnt, sich abzukühlen.

Ein Gurkensaft, um den Stoffwechsel anzuregen

Gerade wenn man ein paar Kilo abnehmen möchte, ist der Gurkensaft eine tolle Hilfe. Er regt den Stoffwechsel an und versorgt den Körper mit Flüssigkeit und vielen wichtigen Nährstoffen und Mineralien. Für den Gurkensaft verwendest du gründlich gewaschene Salatgurken und presst sie im Entsafter aus. Du kannst die Gurken aber auch in der Küchenmaschine pürieren und den austretenden Saft auffangen. Je nach Geschmack kannst du noch mit ein wenig Honig oder Salz nachwürzen und davon einen halben Liter pro Tag trinken. Übrigens: Die Reste, die beim Entsaften übrig bleiben, musst du nicht wegwerfen! Du kannst sie entweder mit ein wenig Olivenöl, Salz, Pfeffer und Knoblauch in der Pfanne braten, als Brotaufstrich nutzen oder in einen Salat mischen!

Wichtig: Fast alle Gurken die du heute kaufen kannst, stammen aus industriellen Zuchtfarmen. Leider wird dort weder mit Dünger noch mit Insektenvernichtungsmitteln gegeizt, so dass du die Gurkenschale, unter der viele der wunderbaren Wirkstoffe sitzen, leider nicht verwenden kannst. Schälst du eine Gurke, so versuche, das so dünn wie möglich zu tun – ein so genannter Sparschäler (wie man ihn auch zum Spargelschälen benutzt) ist dabei sehr hilfreich. Noch besser ist es, wenn du die Gurken (wie übrigens möglichst viel Obst und Gemüse) bei einem Bio-Bauern kaufst. Dann genügt das gründliche Abbürsten und Abwaschen der Gurken unter heißem Wasser, um die Schale zu reinigen. Du erhältst dir damit nicht nur die wertvollen Inhaltsstoffe der Gurke, sondern versorgst deinen Körper obendrein auch noch mit wichtigen Ballaststoffen.

Habichtskraut

Botanischer Name: *Hieracium pilosella*

Andere Namen: **Dukatenröschen, Mauseohrkraut, Mäuseöhrchen**

Das musst du über Habichtskraut wissen
Habichtskraut kannten bereits die keltischen Hexen und wussten um seine kräftigende Wirkung auf den Organismus.
Habichtskraut kannst du selbst im Garten oder dem Blumentopf ziehen. Es ist ziemlich anspruchslos und braucht keine besondere Pflege. Im Herbst ausgesät, kannst du das gesamte Kraut in seiner Blütezeit von Mai bis Oktober ernten und trocknen.

Bei diesen Erkrankungen setzt du Habichtskraut ein
Das Habichtskraut dient in erster Linie zur Vorbeugung und Stärkung der Körperabwehr. Es wirkt blutbildend und kann dir helfen, in der dunklen und kalten Jahreszeit Erkältungskrankheiten zu vermeiden. Ein Habichtskrautaufguss hilft zudem bei Fußgeruch oder Schweißfüßen.

Ein blutbildender und stärkender Habichtskraut-Tee
Für den Habichtskraut-Tee gibst du einen Teelöffel des getrockneten Krautes in eine Tasse und füllst sie mit kochendem Wasser. Lass den Tee fünf Minuten offen ziehen, siebe das Kraut sorgfältig ab und trinke täglich zwei Tassen des lauwarmen Tees.

Ein Habichtskraut-Aufguss gegen Fußgeruch
Fast alle modischen Schuhe bestehen heute zu großen Teilen aus Kunststoffen – Lauf- und Turnschuhe sowieso. Wenn du selbst Sport treibst, weißt du, was ich meine: Die Schuhe beginnen nach kurzer Zeit ziemlich übel zu riechen. Das bedeutet nicht, dass man schmutzige Füße hat – der Geruch ist einfach das Ergebnis der Bakterien, die den Schweiß wieder abbauen. Das funktioniert auf Leder sehr gut, auf Kunststoffen aber leider nicht. Obendrein können sich, wenn man sehr viele solcher Kunststoffschuhe trägt, tatsächlich Schweißfüße entwickeln – was ziemlich unangenehm ist. Um das zu vermeiden, muss man die Füße natürlich regelmäßig waschen – wenn du sie danach in einem Habichtskrautaufguss badest, beugst du Schweißfüßen sehr gut vor!

Für den Aufguss gibst du drei Esslöffel getrocknetes Kraut in einen Liter Wasser und kochst das Ganze einmal kurz auf. Nun lässt du den Aufguss etwas abkühlen, siebst das Kraut heraus und badest deine Füße 20 Minuten darin. Das solltest du zweimal pro Woche tun. Wenn du sehr viel Sport treibst, kannst du diesen Aufguss natürlich auch täglich anwenden!

Hagebutte

Botanischer Name: *Rosa canina*

Andere Namen: Hundsrose, Schlafdorn, Wildrose

Das musst du über die Hagebutte wissen
Auch wenn die Hagebutte schon im Mittelalter eine der beliebtesten Heilpflanzen war, ist der Name Hagebutte eigentlich nicht richtig. Tatsächlich heißt die Pflanze nämlich Wildrose – die Hagebutten sind lediglich ihre Früchte. Doch neben den Früchten werden schon seit Jahrhunderten auch die Wildrosenblätter als Heilkraut eingesetzt, und zwar bei sehr vielen unterschiedlichen Erkrankungen.
Den Hagebuttenbusch – eigentlich müsste man ihn Wildrosenbusch nennen – kannst du im Frühjahr einpflanzen und die Hagebutten dann ab Oktober ernten. Überprüfe aber vor der Ernte die Reife der Früchte – sie sollten bereits ein wenig weich sein und sich mit den Fingern leicht eindrücken lassen.

Bei diesen Erkrankungen setzt du die Hagebutte ein
Die Blätter der Wildrose setzt du zur Stärkung des Kreislaufs ein – also bei sehr niedrigem Blutdruck. Sie helfen aber auch bei hartnäckigem Husten und der Neigung zu trüben Gedanken. Die Früchte, also die Hagebutten selbst, sind eines der besten Mittel gegen Erkältungskrankheiten. Sie wirken keimtötend und kreislaufstärkend.

Ein Wildrosenwasser zur Kreislaufstärkung
Für das Wildrosenwasser brauchst du etwa zwei Hände voll frische Wildrosenblätter, die du vorsichtig mit kaltem Wasser abspülst und dann zum Abtropfen auf ein Sieb oder Küchentuch legst. Sind die Blätter fast trocken, gibst du sie in einen kleinen Topf und füllst einen halben Liter Wasser dazu. Rühre diese Mischung vorsichtig um, decke den Topf zu und lass ihn einen Tag lang an einem kühlen, dunklen Ort stehen. Am nächsten Tag siebst du die Rosenblätter sorgfältig ab und trinkst täglich eine große Tasse Rosenwasser. →

Eine Hagebuttencreme bei Erkältungskrankheiten

Für die Hagebuttencreme entkernst du die frischen Hagebutten, wäschst sie gründlich, um sie von den Härchen zu befreien, und gibst sie über Nacht in einen Topf mit kaltem Wasser. Am nächsten Tag kochst du die Hagebutten etwa 30 Minuten lang, bis sie schön weich sind, und streichst sie durch ein feines Sieb. Die fertige Hagebuttencreme kannst du nun in kleinen Portionen einfrieren und sie so das ganze Jahr über genießen. Die Creme ist sehr lecker als Brotaufstrich zum Frühstück, du kannst sie aber auch leicht gesalzen zu Wildgerichten essen oder als Salatcreme verwenden.

Ein Hagebutten-Tee bei starkem Husten

Die ätherischen Öle und der hohe Vitamingehalt der Hagebutte helfen bei hartnäckigem Husten sehr gut – allerdings ist von all diesen wertvollen Stoffen im üblichen Hagebutten-Tee aus dem Teebeutel nicht mehr viel übrig. Besser ist es, wenn du den Tee selbst herstellst. Dazu benötigst du vier Esslöffel getrocknete Hagebutten, die du zerdrückst (mit einem Nudelholz geht das sehr gut!) und in einen kleinen Topf gibst. Fülle nun einen Liter kochendes Wasser dazu und lass den Tee abgedeckt zehn Minuten lang ziehen. Rühre ihn anschließend gut um und siebe die Hagebutten sorgfältig ab. Von dem heißen Tee trinkst du täglich vier Tassen – bei Bedarf kannst du ihn mit etwas Honig süßen.

Wichtig: Wenn du Wildrosenblätter und Hagebutten selbst ernten möchtest, gibt es einige Dinge zu beachten: Die Wildrose wächst fast überall – leider eben auch nahe viel befahrener Straßen. Blätter und Früchte solcher Pflanzen solltest du auf keinen Fall ernten, denn sie sind stark mit Chemikalien und Autoabgasen verunreinigt.
Die Rosenblätter solltest du frühmorgens, also tatsächlich im ersten Tageslicht, ernten – nur so kannst du sie bis nach Hause bringen und verarbeiten, bevor sie ihre Wirkung verlieren. Während du die Blätter ab etwa Anfang Juni ernten kannst, sind die Hagebutten selbst erst im Herbst, also etwa ab Ende September reif. Und noch etwas: Hagebutten enthalten viele Fruchtsäuren, die manche Menschen mit einem empfindlichen Magen nicht vertragen. Sei also vorsichtig, wenn du die Menge der verwendeten Hagebutten steigern möchtest.

Heidelbeere

Botanischer Name: *Vaccinium myrtillus*

Andere Namen: Blaubeere, Heelbere, Pickbeere, Schwarzbeere

Das musst du über die Heidelbeere wissen

Die Heidelbeere ist eine sehr alte Hexen-pflanze, sie war aber immer auch ein kosten-loses Lebensmittel. Während es die Heidelbeere in den undurchdringlichen Wäldern des Mittelalters noch fast überall und im Überfluss gab, ist sie in unseren modernen Wäldern nur noch sehr selten zu finden. Das ist auch der Grund dafür, dass die Früchte, die du auf den Märkten kaufen kannst, ausgesprochen teuer sind – die ebenfalls wirksamen Heidelbeerblätter bekommst du fast nur noch in der Apotheke.
Heidelbeeren kannst du zwar selbst im Garten ziehen – bis du die ersten Früchte ernten kannst, vergeht aber viel Zeit. Einfacher ist es deshalb, du kaufst die Heidelbeeren beim Obsthändler.

Bei diesen Erkrankungen setzt du die Heidelbeere ein

Die Heidelbeere steckt voll wirksamer Heilkräfte, die du besonders bei Magenbeschwerden, Darmproblemen wie Durchfall und Blähungen, aber auch bei hartnäckigem Schnupfen, Erkältungen und Zahnfleisch-entzündungen nutzen kannst. Je nach Erkrankung verwendest du dabei die Blätter oder die Früchte.

Ein Heidelbeerblätter-Tee bei Magenbeschwerden

Für diesen Tee benötigst du zwei Teelöffel getrocknete Heidelbeer-blätter, die du in einen kleinen Topf gibst. Gib nun einen halben Liter kochendes Wasser dazu, rühre den Tee gut um und lass ihn 15 Minuten abgedeckt ziehen. Siebe dann die Blätter sorgfältig ab und trinke vom lauwarmen Tee täglich zwei Tassen.

Ein Heidelbeerblätter-Aufguss bei Zahnfleischentzündungen

Für den Aufguss stellst du einen Tee wie oben beschrieben her. Gib aber zusätzlich sechs getrocknete Gewürznelken in den Topf, bevor du das kochende Wasser auffüllst. Lass den Aufguss zwei bis drei Stunden abgedeckt ziehen und rühre ihn dabei einmal stündlich um. Die Blätter und die Gewürznelken bleiben im Aufguss, du siebst nur jeweils die Flüssigkeit ab, mit der du dreimal täglich drei Minuten lang sehr gründlich den Mund ausspülst.

→

Ein Heidelbeersaft bei Blähungen und Durchfall

Für den Heidelbeersaft solltest du natürlich am besten frische Heidelbeeren verwenden. Weil sie aber sehr teuer und nicht immer zu bekommen sind, kannst du dir mit fertigem Heidelbeersaft oder einer qualitativ sehr guten Heidelbeermarmelade aushelfen. Hast du frische Heidelbeeren zur Verfügung, gibst du 200 Gramm davon in den Entsafter, verdünnst den gewonnenen Saft mit 100 Milliliter lauwarmem Wasser und lässt ihn etwa zwei Stunden lang an einem warmen Ort (nicht im direkten Sonnenlicht!) ruhen. Von diesem Saft trinkst du zwei bis drei Gläser täglich.

Bekommst du nur Heidelbeermarmelade, so gibst du diese in einen Topf und erhitzt sie vorsichtig. Die Marmelade darf nicht zu heiß werden oder gar kochen! Sobald sie beginnt, flüssig zu werden, rührst du langsam etwas lauwarmes Wasser hinzu, und zwar so viel, bis eine leicht sirupartige Flüssigkeit entsteht. Diese lässt du nun etwas abkühlen und gibst anschließend so viel lauwarmes Wasser hinzu, bis der Saft eine trinkbare Konsistenz hat.

Wichtig: Auf Wochenmärkten werden häufig sehr günstig Heidelbeeren angeboten, die meist auch lecker aussehen, so dass man einfach zugreifen muss. Aber Vorsicht! Oft stammen diese Früchte aus Ländern des ehemaligen Ostblocks, nicht selten aus der direkten Umgebung von Atomreaktoren oder Chemiefabriken. Dass du solche Früchte natürlich keinesfalls verwenden solltest, versteht sich von selbst! Erkundige dich vor dem Kauf also auf jeden Fall nach der Herkunft der Heidelbeeren. Wenn man dir keine Auskunft geben kann oder will, dann lass lieber die Finger von diesen Früchten.

Holunder

Botanischer Name: *Sambucus nigra*

Andere Namen: Altholder, Ellhorn, Holder, Holler, Schiebekenstrauch, Schwarzer Holunder

Das musst du über Holunder wissen

Holunder ist ebenfalls eine der sehr alten Hexenpflanzen. Bereits unsere Hexenvorfahren in der frühen Bronzezeit kannten und schätzten diese wunderbare Pflanze vor allem wegen ihrer sehr wirksamen Beeren und Blüten. Schon im Mittelalter hat sich übrigens ein Irrtum bei der Bezeichnung eingeschlichen – der Holunder wird seitdem nämlich oft auch Flieder genannt, was aber ganz falsch ist! Holunder wächst in großen Büschen, die du als Jungpflanzen kaufen und im Garten selbst ziehen kannst. Holunderbeeren werden im September geerntet – am besten schneidest du immer die ganze Dolde ab und streifst die Beeren dann mit einer Gabel vorsichtig ab.

Bei diesen Erkrankungen setzt du Holunder ein

Holunder kannst du bei sehr unterschiedlichen Erkrankungen einsetzen, besonders wirksam ist er aber zur Vorbeugung oder zur Bekämpfung von Erkältungen. Obendrein aktiviert der Holunder den Stoffwechsel und die Verdauung, stärkt das Immunsystem und wirkt fiebersenkend.

Ein fiebersenkender Holundersaft gegen Erkältungskrankheiten

Hat dich die fiebrige Erkältung bereits erwischt, hilft der Holundersaft ebenso gut wie zur Vorbeugung gegen Husten, Schnupfen oder grippale Infekte. Natürlich kannst du den Holundersaft auch einkochen, um ihn das ganze Jahr über verfügbar zu haben – ich zeige dir hier das Rezept für den Saft gegen eine akute Erkältung.

Du benötigst ein Kilogramm Holunderbeeren, die du mit einem halben Liter Wasser und etwa 250 Gramm Zucker in einem Topf 20 Minuten lang kochst – zumindest aber so lange, bis die Beeren aufgeplatzt und weich sind. Diese Mischung siebst du nun durch ein feines Mulltuch ab und stellst sie anschließend in einem geschlossenen Gefäß in den Kühlschrank. Von diesem Saft trinkst du drei- bis viermal täglich eine Tasse, bis die Beschwerden abklingen, allerdings nicht direkt aus dem Kühlschrank, sondern so heiß wie möglich.

Willst du den Saft länger haltbar machen (einkochen), geht das eigentlich nur mit einem Entsafter. Du musst den Saft dabei so heiß wie möglich, also direkt aus dem Entsafter heraus, in sehr sorgfältig gesäuberte Flaschen füllen, die du sofort verschließen und nach dem Abkühlen an einem dunklen, kühlen Ort aufbewahren solltest.

Wichtig: Holunderbeeren darfst du auf keinen Fall roh, sondern immer nur gekocht verwenden! Die Inhaltsstoffe der Holunderblätter und -beeren wirken ansonsten schädlich, was zu Durchfall und Übelkeit führt. Und noch etwas: Holunderbeeren gibt es nur im September frisch – es lohnt sich also, den Saft mit einem Entsafter auch länger haltbar zu machen. Selbst eingekochte Säfte sind nicht nur für dich die beste Medizin – sie sind auch als Geschenk einfach unschlagbar! Wenn du keinen Entsafter kaufen magst, kannst du die Holunderbeeren aber auch einfrieren und später bei Bedarf zu Saft oder Marmelade verarbeiten. Beachte aber dabei, dass du nur die Beeren ohne Stiel einfrierst!

Hopfen

Botanischer Name: *Humulus lupulus*

Andere Namen: Bierkraut, Schlafkraut

Das musst du über Hopfen wissen

Unser heutiger Hopfen hat mit dem, den unsere Hexenvorfahren nutzten, nur wenig zu tun. Damals war es der „Berghopfen" oder Andorn (s.S. 25), den man zu unterschiedlichen Zwecken einsetzte – unter anderem auch zum Bierbrauen.

Hopfen kannst du zwar theoretisch auch im eigenen Garten anpflanzen, was aber sehr aufwändig ist. Wenn du in der Nähe eines Hopfenanbaugebiets lebst, kannst du dir den Hopfen direkt vom Bauern besorgen – ansonsten kaufst du ihn in der Apotheke oder im Kräuterhandel.

Bei diesen Erkrankungen setzt du Hopfen ein

Hopfen wirkt aufgrund seiner vielen Bitterstoffe sehr gut bei hartnäckigem Husten, schmerzlindernd bei Menstruationsbeschwerden und bei Schlafstörungen.

Ein Hopfen-Tee bei hartnäckigem Husten und bei Menstruationsbeschwerden

Für den Tee gibst du einen gestrichenen Teelöffel getrockneten Hopfen in eine Tasse und gießt kochendes Wasser darüber. Nun lässt du den Tee abgedeckt zehn Minuten ziehen, siebst das Kraut sorgfältig ab und trinkst täglich zwei Tassen des heißen Tees, bis die Beschwerden abklingen. Wenn du den Bittergeschmack des Hopfens nicht magst, kannst du den Tee mit einem Teelöffel Honig süßen.

Ein Hopfen-Kissen bei Schlafstörungen

Schlafstörungen sind keine Erfindung unserer Zeit – auch im Mittelalter hatten viele Menschen mit diesem Problem zu kämpfen! Reiche Zeitgenossen konnten sich schweren Rotwein leisten, der beim Einschlafen ein wenig half. Der meist bettelarmen Bevölkerung halfen dagegen die Hexen bei ihren Schlafproblemen. Im Rezeptbuch meiner Großmutter habe ich eine Anleitung gefunden, die ich bei mir und vielen Freundinnen ausprobiert habe – mit großem Erfolg! Dazu benötigst du ein kleines Kopfkissen, dessen Inlet sich öffnen lässt, und etwa ein Kilogramm getrockneten Hopfen. Nimm die Füllung des Kopfkissens heraus und gib stattdessen den etwas zerkleinerten Hopfen hinein. Verschließe das Kissen wieder und umschließe es mit einem Kopfkissenbezug. Wenn du Einschlafprobleme hast, tauschst du dein normales Kopfkissen einfach gegen das Hopfen-Kissen, und du wirst sehen – die Schlafstörungen sind schnell vorbei!

Ein Hopfen-Trunk zur Entspannung

In einem kleinen Topf erwärmst du 150 Milliliter milden Rotwein (lieblicher Rotwein mit höherem Zuckergehalt wirkt besser, du kannst aber natürlich auch einen trockenen Rotwein verwenden) so lange, bis er leicht zu dampfen beginnt. Gib nun einen Teelöffel getrockneten Hopfen in den Wein und rühre diese Mischung gründlich um. Zieh den Topf vom Herd und lass den Trunk zehn Minuten abgedeckt ziehen. Eine Stunde vor dem Schlafengehen trinkst du ein Glas des warmen Hopfen-Trunks. Bei diesem Rezept bitte nicht vergessen: Kinder und Schwangere sollten keinesfalls Wein trinken – auch nicht in kleinen Mengen!

Wichtig: Hopfen solltest du, egal ob als Tee oder beispielsweise im Kopfkissen, nicht über längere Zeit anwenden. Er wirkt dabei zwar nicht schädlich, der Körper gewöhnt sich aber sehr schnell an den Hopfen, und damit verliert er seine beruhigende Wirkung.

Ingwer

Botanischer Name: *Zingiber officinale*

Andere Namen: Chinesenwurzel

Das musst du über Ingwer wissen

Ingwer war schon den spätmittelalterlichen Hexen bekannt. Allerdings war er so teuer, dass sein Gewicht fast schon mit Gold aufgewogen wurde. Der Grund dafür ist einfach: Ingwer musste aus Asien importiert werden, und die Reise dauerte damals Jahre. Deshalb kannten unsere Hexenvorfahren den Ingwer auch nur als Pulver, das aus der getrockneten Wurzel gewonnen wurde. Wir modernen Hexen haben es heute zum Glück einfacher, denn den viel wirkungsvolleren frischen Ingwer bekommen wir in fast jedem Supermarkt.

Ingwer wächst leider nur in tropischen Breiten, deshalb musst du ihn kaufen und kannst ihn nicht selbst anbauen.

Beim Ingwer-Kauf solltest du die frischesten Wurzeln auswählen. Du erkennst sie daran, dass sie leicht silbrig glänzen. Je älter Ingwer wird, desto faltiger und schrumpeliger wird seine Oberfläche, wobei das Innere dabei sehr faserig und holzig wird und sich nur mühsam verarbeiten lässt.

Bei diesen Erkrankungen setzt du Ingwer ein

Ingwer hat eine sehr gute Wirkung bei Magenschmerzen, Blähungen und Durchfällen. Seine vielen wertvollen Inhaltsstoffe wirken zudem stärkend auf unseren Organismus und das Immunsystem. Er lässt sich sehr gut zur Vorbeugung gegen Erkältungskrankheiten einsetzen.

Ein Ingwer-Mus bei Magenschmerzen und Blähungen

Für das Mus benötigst du eine etwa zehn Zentimeter lange Ingwerwurzel, die du schälst (am besten geht das übrigens mit einem Sparschäler) und in kleine Würfel schneidest. Diese Würfel pürierst du nun in der Küchenmaschine zu einem festen Mus. Damit es eine streichfähige Konsistenz bekommt, kannst du einige Tropfen Sesamöl oder Sojasauce hinzugeben.

Hast du keine Küchenmaschine, presst du die Würfel mehrmals hintereinander durch die Knoblauchpresse. Das gewonnene Mus kannst du nun dünn auf ein Stückchen Brot streichen, aber auch zu Fisch oder magerem Lammfleisch essen.

Ein Ingwer-Tee bei Magenschmerzen

Für den Ingwer-Tee brauchst du zwar nur ein kleines Stückchen Ingwer – am besten kaufst du aber gleich ein etwa fünf Zentimeter langes Stück. Schneide davon eine etwa ein Zentimeter dicke Scheibe ab und schäle sie sorgfältig. Drück die Scheibe mit einem Löffel oder einem Nudelholz leicht an, so dass etwas vom Saft austritt. Gib die Scheibe in eine Tasse und fülle sie mit kochendem Wasser. Lass diesen Tee nun zehn Minuten offen ziehen und rühre ihn dabei ein- bis zweimal gründlich um. Nimm dann die Ingwerscheibe wieder heraus und trinke vom lauwarmen Tee täglich zwei Tassen. Wenn dir der Ingwer-Geschmack zu eigenwillig ist, kannst du den Tee natürlich mit etwas Honig süßen.

Ein Ingwer-Trunk zur Stärkung des Immunsystems

Für den Ingwer-Trunk benötigst du zwei etwa zehn Zentimeter lange Stücke der Ingwerwurzel, die du schälst und in einer Saftpresse entsaftest. Hast du keine Saftpresse, kannst du die klein geschnittenen Stückchen auch mit einer Knoblauchpresse entsaften, was allerdings ziemlich mühsam und ein bisschen anstrengend ist. Den gewonnenen Saft verdünnst du nun mit Wasser. Dazu gibst du einen Teelöffel Ingwersaft in ein Glas und füllst 100 ml lauwarmes Wasser dazu.

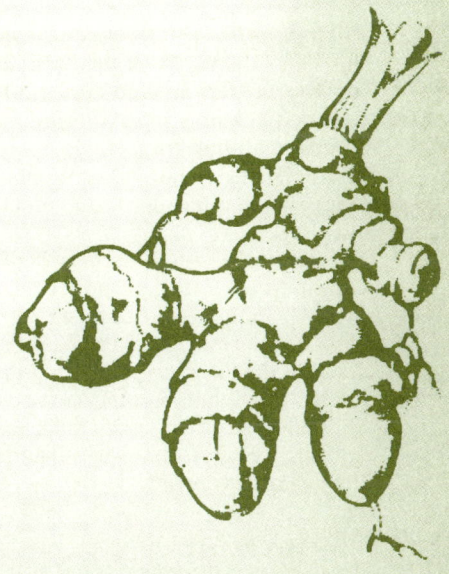

Johanniskraut

Botanischer Name: *Hypericum perforatum*

Andere Namen: Hartheu, Herrgottsblut, Hexenkraut, Teufelsfluchtkraut

Das musst du über Johanniskraut wissen

Johanniskraut ist seit dem frühen Mittelalter eines der wichtigsten Hexenkräuter, weshalb es in manchen Gegenden Österreichs und der Schweiz bis heute die Bezeichnung „Hexenkraut" trägt.

Johanniskraut kannst du problemlos im Garten oder im Blumentopf selbst ziehen. Am besten kaufst du eine Jungpflanze, die du im Frühjahr einsetzt. Die Triebe kannst du ernten und zum Trocknen aufhängen, wenn das Johanniskraut voll erblüht ist.

Bei diesen Erkrankungen setzt du Johanniskraut ein

Johanniskraut hat zwei sehr wichtige Eigenschaften: Es hilft, trübe Gedanken, Traurigkeit und Depressionen zu lindern, und es beruhigt und lindert Schlafstörungen. Zugleich wirkt es sehr gut bei Prellungen und blauen Flecken. Weil das Johanniskraut auch eine desinfizierende Wirkung hat, kannst du es bei unreiner und zu Pickeln neigender Haut gut zur Hautreinigung verwenden.

Ein Johanniskraut-Tee gegen Traurigkeit und trübe Gedanken

Für den Johanniskraut-Tee gibst du zwei gestrichene Teelöffel getrocknetes Kraut in eine Tasse und füllst sie mit kochendem Wasser. Lass den Tee nun zehn Minuten abgedeckt ziehen, siebe das Kraut sorgfältig ab und trinke täglich zwei Tassen heißen Tee. Obwohl das Johanniskraut keinen besonders strengen Eigengeschmack hat, kannst du den Tee jeweils mit einem Löffel Honig süßen.

Ein Johanniskraut-Umschlag bei Prellungen und Verstauchungen

Für einen Umschlag gibst du drei Esslöffel getrocknetes Kraut in 75 Milliliter eines 70-prozentigen Alkohols und lässt es, am besten in einer fest verschlossenen Flasche, ein bis zwei Stunden ziehen. Schüttle die Flasche gründlich und warte weitere 15 Minuten, bevor du den Inhalt auf ein mehrfach zusammengefaltetes Tuch oder eine Mullbinde gibst. Lege das Tuch nun auf die verstauchte Stelle und umwickle es fest mit einem Handtuch. Lass es dort liegen, bis der Umschlag warm wird.

Ein Johanniskraut-Balsam gegen unreine Haut

Für den Johanniskraut-Balsam brauchst du drei Esslöffel des getrockneten Krautes, das du in einen kleinen Becher oder Topf gibst. Mische nun etwa 100 Gramm einer möglichst neutralen, also nicht parfümierten Fettcreme hinzu und rühre diese Mischung sehr gründlich (mindestens fünf Minuten lang!) durch. Decke das Gefäß nun mit Frischhaltefolie so dicht wie möglich ab und stell es drei Tage lang in den Kühlschrank. Danach rührst du die Creme nochmals fünf Minuten lang durch und lässt sie einen weiteren Tag im Kühlschrank ruhen. Nun ist der Balsam fertig, und du trägst fünf Tage lang jeweils morgens und abends eine dünne Schicht davon auf die betroffenen Hautstellen auf und lässt sie einziehen. Dabei bleiben auch kleine Krümel des Johanniskrautes auf der Haut kleben – nachdem der Balsam eingezogen ist, wischst du sie einfach ab.

Wichtig: Du kannst das Johanniskraut bei jeder Art von unreiner Haut einsetzen – bei einer behandlungsbedürftigen Akne musst du aber in jedem Fall vorher mit deinem Arzt darüber sprechen. Und noch etwas: Das Johanniskraut macht die Haut etwas lichtempfindlicher, als sie üblicherweise ist. Wenn du eine Neigung zu Sonnenallergie hast, solltest du das Johanniskraut nur sehr vorsichtig einsetzen!

Kamille

Botanischer Name: *Matricaria recutita*

Andere Namen: Drudenkraut, Feldkamille, Hexenzeiger, Kornkamille

Das musst du über Kamille wissen

Kamille ist ein uraltes Hexenkraut, das bereits die Kelten kannten und schätzten. Auf dem Gipfel der Hexenverfolgung kam es aber leider sehr in Verruf, denn angeblich konnte man damit eine Hexe erkennen.
Kamille kannst du im Garten oder im Topf selbst ziehen, sie muss aber einen möglichst sonnigen Platz in humusreichem Boden haben. Die Kamille kannst du als Jungpflanze kaufen und ab Mitte April einsetzen. Ernten kannst du die Blütentriebe dann bis in den späten Herbst. Die getrockneten Blüten kannst du natürlich auch in der Apotheke kaufen. →

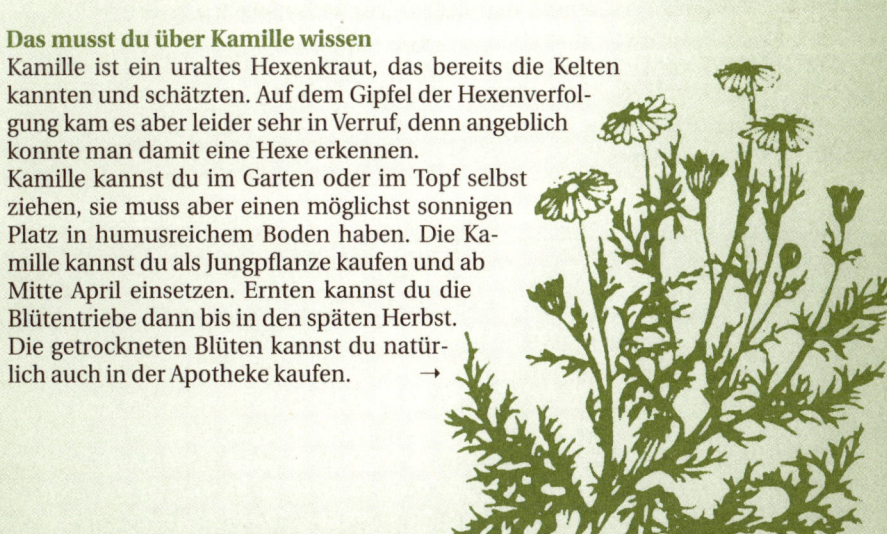

Bei diesen Erkrankungen setzt du Kamille ein

Weil die Kamille eine stark entzündungshemmende Wirkung hat, hilft sie als Heilbad bei Hautproblemen, als Tee bei Magenverstimmungen, Blähungen und Durchfall und als Inhalationsbad bei starkem Husten und Schnupfen.

Ein Kamillentee bei Magenproblemen, Blähungen und Durchfall

Natürlich kannst du auch fertigen Kamillentee im Beutel kaufen – das solltest du aber nur im Notfall tun, denn diese Beuteltees enthalten nur noch winzige Spuren der wertvollen Inhaltsstoffe. Es ist besser, wenn du deinen Kamillentee selbst herstellst, was sehr einfach ist. Dazu gibst du einen Teelöffel der getrockneten Kamillen in eine Tasse und füllst sie mit kochendem Wasser. Lass den Tee fünf Minuten abgedeckt stehen, rühre ihn dann um und siebe anschließend die Kamillen sorgfältig ab. Vom lauwarmen Tee trinkst du täglich drei bis vier Tassen.

Ein Kamillen-Bad bei Hautproblemen und zur Entspannung

Für das Kamillen-Bad gibst du fünf Esslöffel getrocknete Kamillenblüten in einen Topf und füllst einen Liter kochendes Wasser dazu. Lass diesen Aufguss nun zehn bis 15 Minuten abgedeckt ziehen und seihe anschließend die Kamillen sorgfältig ab. Den Aufguss gibst du nun zum Badewasser, verwende aber keine weiteren Badezusätze, Seifen oder Shampoos! Bleibe 20 Minuten in dem Heilbad sitzen und wiederhole es eine Woche lang täglich.

Ein Kamillen-Inhalationsbad bei starkem Husten und Schnupfen

Wenn dich in der Erkältungszeit ein hartnäckiger Schnupfen oder Husten erwischt hat, ist ein Kamillen-Inhalationsbad genau das richtige! Kamille lässt die Schleimhäute abschwellen und beruhigt die Bronchien, so dass du auch gleich einer Nasennebenhöhlen-Entzündung vorbeugen kannst. Für das Inhalationsbad gibst du drei Esslöffel getrocknete Kamillenblüten in eine Schüssel oder einen Topf und füllst einen Liter kochendes Wasser hinzu. Rühre den Aufguss gut durch und warte einige Minuten, bis die stärkste Dampfentwicklung etwas nachgelassen hat. Jetzt beugst du dich über den Aufguss und inhalierst die Dämpfe zehn Minuten lang. Vergiss nicht, direkt danach die Nase zu schnäuzen, um den hartnäckigen Schleim zu entfernen.

Wichtig: Manche Menschen reagieren leicht allergisch auf Kamille. Deshalb solltest du bei der Dosierung der Rezepte erst einmal etwas zurückhaltend sein!

Kerbel

Botanischer Name: *Anthriscus cerefolium*

Andere Namen: Gartenkerbel, Kletterkerbel, Suppenkraut

Das musst du über Kerbel wissen

Asiatische Hexen brachten Kerbel im frühen Mittelalter nach Europa, wo er schnell heimisch wurde. Die Hexen des späten Mittelalters lernten ihn genauso schätzen wie die Köche, denn neben seiner Heilwirkung ist er ein sehr aromatisches Würzkraut, das besonders gut zu Fischgerichten und Salaten schmeckt.

Kerbel kannst du sehr einfach im Garten oder im Topf selbst ziehen, du musst ihn aber immer feucht genug halten, weil er sonst seinen Geschmack und die wertvollen Inhaltsstoffe verliert. Du säst den Kerbel ab Anfang April aus und kannst bereits nach ein paar Wochen die jungen Blätter ernten. Kerbel darfst du übrigens nicht trocknen, sondern nur einfrieren.

Bei diesen Krankheiten setzt du Kerbel ein

Der Kerbel hat eine stark blutreinigende Wirkung. Er regt den Stoffwechsel und die Verdauung an und steckt obendrein voll Vitamin C. Damit kannst du ihn sehr gut zur Vorbeugung gegen Erkältungskrankheiten einsetzen, aber auch zur Linderung einer schon ausgebrochenen Erkältung.

Eine Kerbelbrühe zur Anregung der Verdauung und des Stoffwechsels
Für die Kerbelsuppe brauchst du etwa 80 bis 100 Gramm Kerbelblätter, die du fein hackst. In einem Topf erhitzt du 250 ml Wasser und gibst zwei Teelöffel Gemüsebrühe hinzu.

Das Wasser darf nicht kochen, denn das würde die Heilwirkung des Kerbels zerstören. Gib nun die gehackten Kerbelblätter in die Brühe, ziehe sie sofort vom Herd und rühre sie anschließend gründlich um. Lass die Brühe nun ca. fünf Minuten lang ruhen und trinke täglich zwei Tassen von der lauwarmen Brühe.

→

> Normalerweise mag ich Fertigbrühen ja nicht, weil sie zu viel gehärtete Fette und alle möglichen Farb-, Zusatz- und Konservierungsstoffe enthalten. Besser ist natürlich eine selbst gemachte Gemüsebrühe. Falls du diese jedoch nicht hast, kannst du auch ein Fertigprodukt verwenden. Unsere Hexenvorfahren waren nicht nur gute Heilerinnen, sondern meist auch hervorragende Köchinnen – eine moderne Hexe sollte das auch sein! Ab Seite 131 zeige ich dir deshalb die Rezepte für verschiedene selbst gemachte Brühen, die du prima einfrieren kannst. Damit hast du immer die Basis für wunderbare Suppen und Brühen parat.

Eine Kerbel-Creme bei Erkältungskrankheiten

Kerbel enthält sehr viel Vitamin C und hilft deshalb, Erkältungskrankheiten wirksam vorzubeugen. Das wussten auch schon die mittelalterlichen Hexen, obwohl sie die wissenschaftlichen Zusammenhänge natürlich noch nicht kannten. Für die Kerbel-Creme benötigst du einen Esslöffel Kerbelblätter, die du sehr fein hackst. Nun mischst du die Kerbelblätter unter 100 Gramm Frischkäse – wenn du nicht auf Kalorien achten musst, kannst du zusätzlich noch einen Teelöffel Crème fraîche untermischen. Rühre die Creme gründlich und langsam um (wenn du zu schnell rührst, wird der Frischkäse zu flüssig!) und salze sie nach Belieben. Am besten isst du täglich von der Creme, die sich hervorragend als Brotaufstrich oder Dip eignet. Um die Creme noch wirksamer zu machen, gibst du eine Knoblauchzehe hinzu, die du vorher durch die Knoblauchpresse gedrückt und dann leicht gesalzen hast.

Kerbel als Zugabe zu Speisen

Kerbel passt zu vielen Speien, besonders gut aber zu Fisch, Salaten, Tomaten und Gerichten mit Eiern. Weil der Kerbel bei längerem Erhitzen seine Wirkung verliert, darfst du ihn aber nicht mitkochen, sondern erst am Ende der Garzeit zur Speise geben. Ausnahmen sind dabei natürlich die Speisen, die sowieso eine kurze Garzeit haben, wie etwa ein Omelett.

Wichtig: Kerbel kommt zwar relativ häufig in unseren Wäldern vor, allerdings hat er einen sehr giftigen Doppelgänger, und zwar den Schierling. Deshalb solltest du Kerbel nur im Kräuterhandel kaufen oder selbst anpflanzen und niemals in der freien Natur ernten!

Knoblauch

Botanischer Name: *Allium sativum*

Andere Namen: **Stinkknolle, Stinkwurzel, Riechknolle, Riechzwiebel**

Das musst du über Knoblauch wissen

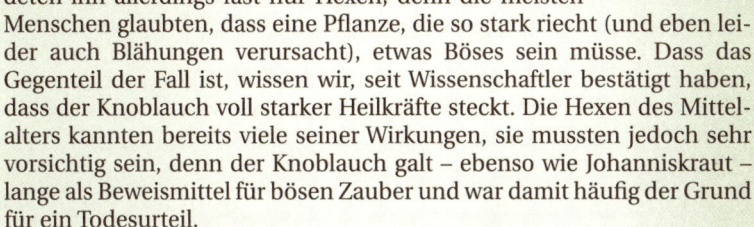

Über Knoblauch würde ich am liebsten ein ganzes Buch schreiben, so vielfältig sind seine wunderbaren Wirkungen! Und so viel Platz bräuchte ich auch, wenn ich alle Hexenrezepte aufführen würde, die ich zu dieser Heilpflanze kenne. Vor rund 5000 Jahren brachten asiatische Hexen den Knoblauch nach Europa, wo er sich in Windeseile etablierte. In den nächsten 2000 Jahren verwendeten ihn allerdings fast nur Hexen, denn die meisten Menschen glaubten, dass eine Pflanze, die so stark riecht (und eben leider auch Blähungen verursacht), etwas Böses sein müsse. Dass das Gegenteil der Fall ist, wissen wir, seit Wissenschaftler bestätigt haben, dass der Knoblauch voll starker Heilkräfte steckt. Die Hexen des Mittelalters kannten bereits viele seiner Wirkungen, sie mussten jedoch sehr vorsichtig sein, denn der Knoblauch galt – ebenso wie Johanniskraut – lange als Beweismittel für bösen Zauber und war damit häufig der Grund für ein Todesurteil.

Vom Knoblauch gibt es viele unterschiedliche Sorten, die sich hauptsächlich in der Größe der Zehen und Knollen unterscheiden. Häufig wird der griechische Knoblauch angeboten, der sehr kleine Zehen hat, die sich schwer schälen lassen. Einfacher geht das mit französischem oder türkischem Knoblauch, deren Zehen größer sind. Ich empfehle dir frischen Knoblauch. Du erkennst ihn an seiner weichen Schale, die sich leicht abziehen lässt. Frischer Knoblauch ist milder als getrockneter, er schmeckt leicht nussig und enthält mehr Wirkstoffe.

Knoblauch kannst du sehr einfach im Garten oder in einem ausreichend großen Topf ziehen. Dazu steckst du im Frühjahr die Knoblauchzehen etwa zwei Zentimeter tief in die Erde und erntest die Knollen dann ab dem Hochsommer. Knoblauch ist reif, wenn das Kraut zu welken und trocknen beginnt. Die ausgegrabenen Knollen bürstest du ab und hängst sie gebündelt an einem luftigen Ort zum Trocknen auf.

Ein Tipp zum Knoblauchschälen

Knoblauch lässt sich nicht immer leicht schälen – mit einem kleinen Trick geht das aber blitzschnell. Leg die Knoblauchzehe einfach auf den Tisch und drücke sie mit einem Messerrücken oder einem kleinen Küchenbrettchen leicht an. Du kannst auch mit einem großen Löffel leicht darauf klopfen – die Schale löst sich jetzt von der Zehe und lässt sich kinderleicht abziehen.

→

Bei diesen Krankheiten setzt du Knoblauch ein

Knoblauch enthält ebenso wie Bärlauch viele ätherische Öle. Er wirkt deshalb desinfizierend, keimtötend, und kann den Blutdruck und den Cholesterinspiegel senken. Obwohl er selbst Blähungen verursacht, hilft er gegen diese (das klingt komisch, stimmt aber!) und zusätzlich gegen Magen-Darm-Erkrankungen und Durchfall. Er regt den Stoffwechsel an und hilft bei unreiner Haut und sogar bei Akne. Auch um Erkältungskrankheiten vorzubeugen, wirst du kaum eine bessere Hexenpflanze finden, denn Knoblauch stimuliert und unterstützt das Immunsystem besser als manche Arznei.

Eine Knoblauch-Creme, die den Stoffwechsel und das Immunsystem anregt

Für die Knoblauch-Creme brauchst du eine ganze Knoblauchknolle, die du ungeschält mit zu einem Gericht in den Ofen, die Pfanne oder den Topf gibst. Dort lässt du sie je nach Größe 20 bis 30 Minuten mitgaren und nimmst sie dann heraus. Das Innere der Zehen ist nun tatsächlich so weich, dass du es direkt aus der Schale herausdrücken kannst. Mit etwas Salz und Pfeffer gewürzt kannst du diese Creme als Brotaufstrich verwenden. Wenn du nicht auf Kalorien achten musst, kannst du die Creme auch mit Frischkäse oder einer leichten Mayonnaise mischen und als Dip verwenden. Und natürlich kannst du die Knoblauchknolle auch separat garen: Dazu gibst du sie einfach in einen kleinen Topf und gießt so viel Wasser an, dass sie gerade zur Hälfte damit bedeckt ist. Lass sie nun ebenfalls 20 bis 30 Minuten kochen, und schon kannst du die Zehen aus der Schale drücken.

Eine Knoblauch-Milch bei Magen-Darm-Problemen

Obwohl der Knoblauch selbst eine blähende Wirkung hat, kannst du ihn besonders gut bei Magen-Darm-Problemen einsetzen. Dazu eignet sich ein Aufguss – eigentlich müsste ich eher sagen: ein „Drink" – am besten. In uralter Zeit haben unsere Hexenvorfahren diesen Drink aus Ziegen- oder Stutenmilch und Knoblauch gemischt. Herkömmliche Kuhmilch wirkt aber ebenso gut. Für den Drink gibst du 250 Milliliter Milch in einen kleinen Topf und presst zwei bis drei Zehen Knoblauch dazu. Nun erhitzt du die Milch langsam und lässt sie eine Minute lang leicht köcheln. Ziehe den Topf dann vom Herd und rühre den Aufguss mit einem Schneebesen durch. Danach siebst du den Knoblauch ab und trinkst zweimal täglich 100 Milliliter der lauwarmen Milch. Für Menschen, die auf Kuhmilch allergisch reagieren, kannst du diesen Drink natürlich auch mit Soja-Milch zubereiten!

Ein Knoblauch-Pflaster bei unreiner Haut und Akne

Unreine Haut, Pickel und Akne können einen ganz schön nerven und sind immer dann am schlimmsten, wenn man auf eine Party gehen will oder sich frisch verliebt hat. Ob du es glaubst oder nicht, aber im Mittelalter ging es den Menschen nicht anders als uns heute – die Partys natürlich mal ausgenommen. Weil sie aber auch damals schon mit Pickeln und Akne zu kämpfen hatten, konnten unsere Hexenvorfahren den Knoblauch auch hier sehr erfolgreich einsetzen. Und nach genau demselben Rezept kannst du das auch heute noch tun! Dazu nimmst du einfach eine möglichst große Knoblauchzehe, schälst und halbierst sie. Dann schneidest du ein Stück Heftpflaster so zu, dass es den Pickel völlig bedeckt, und reibst die Knoblauchzehe mehrmals kräftig auf das weiße Gazestücke des Pflasters. Das Pflaster klebst du nun straff über den Pickel und trägst es dort ein bis zwei Stunden. Dauert dir das zu lange, kannst du die halbierte Knoblauchzehe auch direkt auf den Pickel reiben – natürlich vorsichtig, damit du die an dieser Stelle ja sowieso schon gereizte Haut nicht noch verletzt!

Wichtig: Knoblauch ist eine der wundersamsten Heilpflanzen überhaupt – aber er riecht stark (manche Menschen meinen sogar, dass er stinkt) und verursacht Blähungen. Es gibt Menschen, die Knoblauch tatsächlich nicht vertragen und von seinem Genuss ziemlich üble Bauchschmerzen oder sogar Durchfall bekommen. Wenn du gerne Knoblauch isst, aber mit dem Geruch Probleme hast, gibt es einen uralten, aber sehr wirksamen Trick: Iss einfach direkt nach dem Knoblauchgenuss ein paar Blätter fein gehackter Petersilie oder schlucke einen halben Esslöffel milden Weinessig. Der Knoblauchgeruch ist danach wie weggezaubert! Und noch etwas: Knoblauch hat eine blutverdünnende Wirkung, deshalb sollten ihn Schwangere nur sehr vorsichtig und auf keinen Fall jeden Tag essen!

Koriander

Botanischer Name: *Coriandrum sativum*

Andere Namen: Flohkraut, Lauskraut, Magenkraut

Das musst du über Koriander wissen

Koriander lernten die Kreuzfahrer im Mittelalter im Orient kennen und brachten ihn mit nach Europa. Die damaligen Hexen erkannten seine heilkräftigen Wirkungen schnell und machten ihn auch bei uns heimisch. Besonders die Hexen, die damals das so genannte „Magenbrot" zubereiten konnten – heute sagen wir dazu Lebkuchen –, setzten ihn gerne ein und wurden wegen ihrer heilsamen Produkte häufig sehr beneidet.

> *Vielleicht hast du ja mein Buch „Zauberpower" gelesen und erinnerst dich an die wahre Geschichte von Hänsel und Gretel und weshalb die junge Lebkuchenbäckerin damals so grausam sterben musste! Eines ihrer Geheimnisse, das sie am Schluss das Leben kostet, war Koriander, den sie für ihre Lebkuchen verwendete!*

Schon wenige Jahre später wurde Koriander auch in den Kräutergärten der Klöster angepflanzt und ist bis heute eine beliebte Gewürzpflanze. Du findest ihn hauptsächlich in asiatischen Gewürzen, wie etwa dem indischen Curry, und als typisches Lebkuchengewürz.

Koriander könntest du zwar auch selbst im Garten oder im Topf ziehen, er braucht aber sehr viel Sonne und Wärme, was die Korianderzucht in unseren Breiten ziemlich schwierig macht. Am besten kaufst du den Koriander deshalb in einem Supermarkt oder im Kräuterhandel.

Bei diesen Erkrankungen setzt du Koriander ein

Koriander wirkt sehr gut bei Magen- und Darmproblemen, gegen Blähungen, aber auch bei starkem Sodbrennen. Die Hexen des Mittelalters verwendeten für ihre Rezepte häufig die gesamte Korianderpflanze – wirklich wirksam sind aber eigentlich nur die Samen. Sie werden getrocknet und dann zu einem Pulver verarbeitet. Man kann sie aber auch direkt nach der Ernte auspressen und ein Öl daraus gewinnen, das sehr gut bei Magendrücken wirkt. Weil du dafür jedoch eine sehr teure Ölmühle bräuchtest, kaufst du das Öl mit dem Namen „Oleum coriandri" am besten in der Apotheke.

Ein Koriander-Tee bei Blähungen, Magendrücken und Sodbrennen

Ähnlich wie Fenchel hilft Koriander sehr gut gegen Blähungen und leichtes Magendrücken, zum Beispiel nach einem zu üppigen Essen. Besonders kleine Kinder haben ja öfter Blähungen, mögen aber den typischen Fenchelgeschmack und deshalb auch den Tee nicht. Für den Koriander-Tee gibst du einen Teelöffel getrocknete Koriandersamen in eine Tasse und füllst sie mit kochendem Wasser. Lass den Tee nun zehn Minuten abgedeckt ziehen und siebe die Samen dann sorgfältig ab. Vom lauwarmen Tee trinkst du vor- und nachmittags jeweils eine Tasse. Noch wirksamer wird der Koriander-Tee, wenn du eine Messerspitze getrockneten Kümmel (kein Kümmelpulver!) dazugibst.

Zur Vorbeugung

Wenn du ein üppiges Mahl mit viel Fleisch zubereitest, kannst du dem Magendrücken und Sodbrennen gleich vorbeugen, indem du den Koriander beim Kochen verwendest. Auch bei Kohlgerichten macht das wirklich Sinn, denn manche Kohlsorten verursachen ein Völlegefühl und starke Blähungen.

Wichtig: Koriander findest du im normalen Supermarkt eher selten – am besten gehst du deshalb in ein türkisches oder asiatisches Lebensmittelgeschäft.

Kümmel

Botanischer Name: *Carum carvi*

Andere Namen: Barbarensamen, Gartenküm-mel, Hexenbann, Kümmich, Mattensamen

Das musst du über Kümmel wissen

Die keltischen Hexen brachten Kümmel aus Asien mit nach Europa, wo sie ihn bereits vor rund 3000 Jahren sehr erfolgreich einsetzten. Trotzdem blieb Kümmel über viele Jahrhunderte für die normalen und abergläubischen Menschen eine ziemlich un-heimliche Pflanze, die sie mit Zauberei und Unglück verbanden. Besonders im frühen Mittelalter, als Deutschland immer wieder von plündernden Horden aus dem Osten durchstreift wurde, kam der Kümmel zu seinem schlechten Ruf. Und dieser hat sich in manchen Gegenden bis heute gehalten – ein Beispiel dafür ist das üble Schimpfwort „Kümmeltürke". Wie viel Dummheit und Unwissen hinter solchen Beschimpfungen steckt, kannst du dir denken! Wären die Menschen nämlich schlau genug gewesen, auf den Rat der Hexen zu hören und dem Kümmel zu vertrauen, hätten sie viele Krankhei-ten vermeiden und lindern können!

Auch Kümmel liebt es sehr warm, trocken und sonnig, deshalb macht es bei uns nicht so viel Sinn, ihn selbst anzupflanzen. Am besten kaufst du Kümmel im Super-markt, einem türkischen Lebensmittelgeschäft oder im Kräuterhandel.

Bei diesen Erkrankungen setzt du Kümmel ein

Kümmel enthält neben Gerbsäuren auch ätherische Öle, die beruhigend auf Magen und Darm wirken und die Verdauung fördern. Ähnlich wie Koriander ist Kümmel deshalb auch sehr gut für üppige Braten geeignet. Außerdem wirkt er appetitanregend und stärkt das Immunsystem.

Ein Kümmel-Tee bei Magenkrämpfen und Blähungen

Besonders nach üppigem oder zu fettem Essen bekommen manche Menschen starke Bauchschmerzen oder Blähungen. Um das zu ver-hindern, mischst du den Kümmel natürlich am besten gleich mit ins Essen – leider passt er aber nicht zu jedem Gericht. Ein Kümmel-Tee direkt nach dem Essen hilft aber ebenso gut. Für den Tee gibst du

einen gestrichenen Teelöffel Kümmel in eine Tasse und füllst sie mit kochendem Wasser auf. Rühre den Tee gründlich um und lass ihn abgedeckt zehn Minuten lang ziehen. Rühre ihn danach nochmals um, siebe den Kümmel ab und trinke den lauwarmen Tee nach dem Essen.

Ein Kümmel-Schnaps gegen Verdauungsprobleme

Kümmelschnäpse und -liköre haben unsere Hexenvorfahren bereits im Mittelalter angesetzt – häufig sogar Kümmelweine, welche ich aber nicht sehr lecker finde. Die Verbindung des verdauungsfördernden Kümmels mit dem Alkohol hat sich seit Jahrhunderten als eines der besten Mittel nach zu schwerem Essen bewiesen. Für den Kümmelschnaps benötigst du 500 Milliliter eines hochqualitativen klaren Schnapses, in den du 35 Gramm Kümmel gibst. Diese Mischung musst du nun sehr gut schütteln. Verschließe die Flasche fest und stelle sie für 14 Tage an einen kühlen, dunklen Ort. Danach siebst du den Kümmel sorgfältig ab und trinkst ein Gläschen Schnaps direkt nach einem fetten Essen. Übrigens: In einer originellen Flasche und mit einem schönen Etikett versehen, ist selbst gemachter Kümmelschnaps ein tolles Geschenk!

Ein Kümmel-Wein gegen Blähungen

Auch wenn ich dieses mittelalterliche Rezept selbst nicht besonders gerne mag, will ich es dir nicht vorenthalten: Für den Kümmel-Wein gibst du 250 Milliliter trockenen Rotwein in einen Topf und erhitzt ihn vorsichtig. Sobald er zu dampfen beginnt, gibst du zwei Teelöffel Kümmel dazu und rührst diese Mischung zwei bis drei Minuten um. Zieh den Topf nun vom Herd und lass den Kümmel-Wein langsam abkühlen. Nun erwärmst du ihn ein weiteres Mal, bis er dampft – er darf aber auf keinen Fall kochen! Siebe den Kümmel sorgfältig ab und trinke den heißen Wein direkt nach einem üppigen Essen.

Wichtig: Wie bei allen Rezepten gilt natürlich auch hier: Kinder und Schwangere dürfen keinen Alkohol trinken!

Lavendel

Botanischer Name: *Lavandula spica*

Andere Namen: Spicke

Das musst du über Lavendel wissen

Lavendel brachten die italienischen Hexen der Jahrtausendwende nach Deutschland, wo er wegen seines eigenartigen Duftes bald berühmt wurde. Bis heute wirkt dieser Geruch auf manche Menschen fast schon betäubend, weshalb man ihn im Mittelalter bei großen Festlichkeiten in Schälchen verbrannte, um eine berauschende Atmosphäre zu erzeugen. Lavendel kannst du im Garten selbst ziehen, er braucht aber sehr viel Sonne, einen trockenen, kalkhaltigen Boden und eine windgeschützte Stelle. Am besten kaufst du eine Jungpflanze, die du im Frühjahr einsetzt. Wenn sich der mittlere Teil der Blüten öffnet, kannst du sie ernten. Dazu schneidest du die Zweige ab und hängst sie zum Trocknen auf. Anschließend kannst du die Blüten abzupfen und in einer gut verschlossenen Dose aufbewahren.

Bei diesen Krankheiten setzt du Lavendel ein

Lavendel wirkt entspannend, weshalb du ihn sehr gut als Heilbad anwenden kannst. Als Tee getrunken kann er Bauchkrämpfe lindern und hilft als Lavendelöl gegen Schlafstörungen und Einschlafprobleme.

Ein Lavendel-Heilbad bei Nervosität

Wenn du Entspannung nötig hast, weil du nervös oder schlecht gelaunt bist, ist ein Lavendelbad eine sehr gute Hilfe. Dafür gibst du zwei Esslöffel getrocknetes Kraut in einen Topf und füllst einen Liter kochendes Wasser hinzu. Rühre nun einen Esslöffel Olivenöl dazu und lass diese Mischung 20 Minuten lang abgedeckt ziehen. Danach

siebst du das Lavendelkraut ab und gibst das Ganze in das Badewasser. In diesem Heilbad bleibst du nun 30 Minuten sitzen – bei starker Nervosität und Gereiztheit kannst du dieses Bad dreimal wöchentlich anwenden.

Ein Lavendel-Tee bei Bauchkrämpfen

Für den Lavendel-Tee gibst du einen halben Teelöffel getrockneten Lavendel in eine Tasse und überbrühst ihn mit kochendem Wasser. Lass den Tee fünf Minuten offen ziehen, siebe den Lavendel sorgfältig ab und trinke täglich eine Tasse des lauwarmen Tees.

Ein Lavendel-Kissen gegen Einschlafstörungen

Wenn du Probleme beim Einschlafen hast, kannst du dir mit einem Lavendelkissen sehr gut helfen. Am besten besorgst du dir dazu ein einfaches kleines Kissen, wie es sie oft in Einrichtungshäusern im Sonderangebot gibt. Öffne das Kissen und nimm einen kleinen Teil der Füllung heraus. Nun gibst du fünf Esslöffel getrockneten Lavendel in ein kleines Stoffsäckchen, das du zubindest und in das große Kissen steckst. Schließe das Kissen und benutze es nachts als Kopfkissen – deine Einschlafprobleme werden ziemlich schnell vergessen sein!

Ein Lavendelhölzchen zur Mückenabwehr

Mücken und andere Insekten sind nachts besonders lästig, wenn sie summend durch das Zimmer fliegen – mit dem Ziel, dich zu stechen. Das kannst du ganz einfach verhindern, ohne gleich ein Insektenspray einsetzen zu müssen: Du besorgst dir aus der Apotheke ein kleines Fläschchen reines Lavendelöl und tropfst ein wenig auf ein kleines Holzbrettchen, das du in dein Schlafzimmer legst. Das geht ebenso mit einem Duftstein, der das Öl allerdings schneller aufsaugt. Mücken und andere Insekten hassen Lavendel und werden dich in Zukunft sicher in Ruhe lassen.

Wichtig: Lavendel kann – in höheren Dosierungen genossen – zu Magen- und Darmproblemen führen. Sei deshalb bei der Anwendung des Tees sehr vorsichtig und trinke täglich höchstens eine Tasse davon!

Lorbeer

Botanischer Name: *Laurus nobilis*

Andere Namen: Edler Lorbeer, Kranzkraut

Das musst du über Lorbeer wissen

Lorbeer brachten die keltischen Hexen von ihren Streifzügen aus den Mittelmeerländern mit und erkannten bald, dass er nicht nur ein sehr gutes Würzmittel ist, sondern auch über wichtige Heilkräfte verfügt. Daran erinnert sich heute kaum noch jemand, weshalb Lorbeer fast nur noch als Gewürz eingesetzt wird.

Lorbeer kannst du zwar auch in unseren Breiten, zum Beispiel in einem kleinen Gewächshaus, ziehen, so richtig wohl fühlt sich diese Mittelmeerpflanze bei uns aber nicht. Du kannst ihn aber fast überall kaufen. Bist du gerade im Italienurlaub, siehst du in ländlichen Gegenden häufig riesige Lorbeersträucher oder sogar ganze -hecken, von denen du dann natürlich ernten kannst! Achte aber darauf, dass du nur Blätter sammelst, die keine Flecken oder Verfärbungen haben. Leg die Blätter anschließend ein oder zwei Tage lang zum Trocknen in die Sonne.

Wenn du Lorbeer in der Küche verwendest, gilt eine wichtige Regel: Er wird immer von Anfang an mitgegart, aber fünf Minuten vor Ende der Kochzeit wieder entfernt.

Bei diesen Erkrankungen setzt du Lorbeer ein

Lorbeer hat eine blutreinigende Wirkung und regt zudem den Stoffwechsel an. Außerdem kannst du ihn sehr gut bei Verstauchungen und Prellungen anwenden, weil er die Schmerzen schnell lindert und auch dafür sorgt, dass blaue Flecken nicht so groß werden.

Ein Lorbeer-Essig oder -Öl zur Anregung des Stoffwechsels

Für das Lorbeer-Öl brauchst du sieben bis acht getrocknete Lorbeerblätter, die du vorsichtig in eine Flasche gibst und mit einem Liter sehr gutem Olivenöl auffüllst. Verschließe die Flasche nun und lass sie an einem kühlen, dunklen Ort zwei Wochen ziehen, bevor du das Öl zum Beispiel für einen Salat verwendest.

Das gleiche Rezept kannst du auch für einen Lorbeer-Essig verwenden – dazu benötigst du statt Öl einfach guten Weißweinessig.

Ein Lorbeer-Umschlag bei Prellungen und Verstauchungen

Bei schmerzhaften Prellungen oder Verstauchungen zerreibst du zehn getrocknete Lorbeerblätter zu einem möglichst feinen Pulver und mischst dann einige Tropfen Olivenöl dazu, so dass eine feste, aber geschmeidige Paste entsteht. Die Lorbeerpaste trägst du nun auf die Verstauchung oder Prellung auf und umwickelst die Stelle mit einem dünnen Handtuch oder einem Verband. Dort trägst du sie ein bis zwei Stunden. Übrigens: Die Lorbeerpaste wirkt noch besser, wenn du sie vorher 30 Minuten lang im Gefrierfach kühl stellst.

Wichtig: Es gibt Menschen, die auf Lorbeer allergisch reagieren. Sei bei der Dosierung deshalb besonders vorsichtig!

Löwenzahn

Botanischer Name:
Taraxacum officinale

Andere Namen:
Bitterblume, Butterblume, Kuhblume, Milchblume, Mönchskopf, Pfaffendistel, Pfaffenröslein, Paulblume, Pusteblume

Das musst du über Löwenzahn wissen

Löwenzahn ist eines der berühmtesten Hexenkräuter und wurde von unseren Hexenvorfahren seit dem hohen Mittelalter eingesetzt. Das alte Gerücht (das man auch heute noch Kindern erzählt), der Löwenzahn, besonders seine weiße Milch, sei giftig, stimmt übrigens nicht! Die bittere Milch kann lediglich Magenschmerzen verursachen und hat tatsächlich nur eine wirklich störende Wirkung: Sie hinterlässt bräunliche Flecken auf Haut und Kleidung. Vom Löwenzahn verwendest du die grünen Blätter, die einen sehr viel höheren Vitamingehalt haben als unser gängiger Salat, allerdings relativ bitter schmecken. Aber auch die Löwenzahnblüten schmecken sehr gut und stecken voll wirksamer Inhaltsstoffe.

Löwenzahn kannst du sehr einfach im Garten oder im Topf selbst ziehen. Du säst ihn ab Mitte Mai aus und kannst wenige Wochen später die jungen Blätter ernten. Reiß die Blätter aber nicht einfach ab, sondern schneide sie knapp über dem Boden vorsichtig mit einer Schere ab.

Wenn du Löwenzahn in der freien Natur ernten möchtest, achte darauf, dass du nur die jungen und zarten Blätter wählst. Und noch etwas: Löwenzahn wächst fast überall – leider auch an viel befahrenen Straßen. Diese Pflanzen solltest du natürlich auf keinen Fall ernten, da sie fast immer sehr stark mit Autoabgasen verschmutzt sind. Auch der Löwenzahn von Äckern und Feldern ist nicht unbedingt empfehlenswert, denn er kann mit Dünger und Chemikalien verseucht sein.

Bei diesen Erkrankungen setzt du Löwenzahn ein

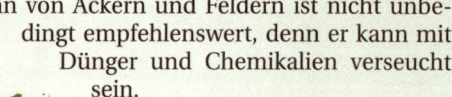

Löwenzahn wirkt mit seinen vielen Inhaltsstoffen besonders gut bei der Vorbeugung von Erkältungskrankheiten. Er hat aber auch eine blutreinigende und leicht entwässernde Wirkung und eignet sich deshalb sehr gut für Entschlackungskuren.

Ein Löwenzahnsalat zur Vorbeugung gegen Erkältungskrankheiten

Für den Löwenzahnsalat brauchst du etwa zwei Hände voll zarte, grüne Blätter, die du unter fließendem kalten Wasser gründlich wäschst. Mit einem Esslöffel Olivenöl, etwas Salz, frisch gemahlenem schwarzen Pfeffer und Essig machst du eine Salatsauce und mischst den Salat damit gut durch. Lass die Sauce fünf Minuten gut durchziehen, und schon ist der Salat fertig. Noch wirksamer wird der Löwenzahnsalat übrigens, wenn du eine halbe Knoblauchzehe in die Sauce presst!

Ein Löwenzahnhonig zur Linderung von grippalen Infekten

Wenn dich eine Erkältung oder ein grippaler Infekt bereits erwischt hat, ist der Löwenzahnhonig eine sehr gute Medizin. Dazu brauchst du etwa 100 Gramm Löwenzahnblüten, die du in einem Topf mit einem halben Liter Wasser sechs Minuten lang kochst. Dann siebst du die Blüten gründlich in einen anderen Topf ab und drückst sie aus. Gib nun 500 Gramm Zucker zu der verbleibenden Flüssigkeit und lass sie so lange kochen, bis die Hälfte der Flüssigkeit verdampft ist (ca. 15 Minuten). Gib die noch heiße Flüssigkeit nun in kleine Schraubgläser, die du sofort fest verschließt. Schon hast du einen Vorrat an heilsamem Löwenzahnhonig! Bis die Beschwerden abgeklungen sind, isst du dreimal täglich einen Teelöffel des Honigs.

Wichtig: Die vielen Bitterstoffe gegen Löwenzahn vertragen manche Menschen nicht, es sind sogar Allergien gegen Löwenzahn bekannt! Um den Löwenzahn bekömmlicher zu machen, gibst du die gewaschenen Blätter einfach für eine halbe Stunde in lauwarmes Wasser. Dabei verliert die Pflanze die Bitterstoffe, die manche Menschen stören.

Majoran

Botanischer Name:
Origanum majorana

Andere Namen:
Dost, Mairan, Margran, Wilder Majoran

Das musst du über Majoran wissen
Siehe „Dost" Seite 44.

Malve

Botanischer Name: *Malva sylvestris*

Andere Namen: **Badeblume, Hustenblume**

Das musst du über Malve wissen

Italienische Hexen brachten Malve um die Jahrtausendwende nach Nordeuropa, wo sie sich aufgrund ihrer Heilkräfte schnell verbreitete. Sie wird auch heute noch oft mit Hibiskus verwechselt. Das liegt daran, dass es komischerweise Malventee aus Hibiskusblüten zu kaufen gibt.

Malve kannst du sehr einfach im Garten oder in einem großen Topf ziehen. Am besten kaufst du eine Jungpflanze und setzt sie im Frühjahr ein. Bis in den Spätsommer hinein kannst du dann die Blätter und Blüten ernten.

Bei diesen Erkrankungen setzt du Malve ein

Malve hat eine schleimlösende Wirkung, weshalb du sie sehr gut bei hartnäckigem Husten einsetzen kannst. Sie wirkt aber auch entzündungshemmend und hilft sehr gut bei Magenschmerzen und Verdauungsbeschwerden.

Ein Malventee bei Magenschmerzen und Verdauungsproblemen

Für den Malventee brauchst du zwei Teelöffel getrocknete Malvenblüten, die du in eine Tasse gibst. Fülle dann kochendes Wasser auf und lass den Tee 15 Minuten abgedeckt ziehen. Nun siebst du die Blüten sorgfältig ab und trinkst zweimal täglich eine Tasse des lauwarmen Tees.

Eine Malven-Kamillen-Gurgellösung bei Hals- und Zahnfleischentzündungen

Für die Gurgellösung gibst du zwei Teelöffel Malvenblüten und einen Teelöffel getrocknete Kamillenblüten in eine Tasse und füllst sie mit kochendem Wasser auf. Lass den Aufguss nun 15 Minuten abgedeckt ziehen und siebe die Kräuter dann sehr sorgfältig ab. Mit der lauwarmen Lösung gurgelst du bei Hals- oder Zahnfleischentzündungen dreimal täglich.

Ein Malven-Inhalierbad bei starkem Husten

Für das Malven-Heilbad gibst du fünf Esslöffel getrocknete Blüten in eine Schüssel und füllst einen Liter kochendes Wasser auf. Rühre den Aufguss gründlich um und atme den Dampf fünf Minuten lang ein.

Meerrettich

Botanischer Name:
Armoracia rusticana

Andere Namen:
**Bauernsenf, Fleuchkraut, Kren,
Morrettig, Rachenputzer**

Das musst du über Meerrettich wissen

Woher Meerrettich seinen heutigen Namen hat, weiß niemand genau zu sagen, wahrscheinlich aber von „Moor", denn in sehr feuchten und nährstoffreichen Böden wie in Moorgebieten wächst er besonders gut. Meerrettich war schon im frühen Mittelalter als sehr wirksame Heilpflanze bekannt; damals wurde er allerdings hauptsächlich bei den noch sehr häufigen Wurmerkrankungen eingesetzt. Fertig verarbeitet kannst du Meerrettich in kleinen Gläschen als reinen Meerrettich oder als Sahne-Meerrettich kaufen. Der Sahne-Meerrettich ist die etwas mildere Sorte, die du verwenden solltest, wenn du die eigentliche Schärfe des Meerrettichs nicht magst oder verträgst. Meerrettich kannst du zwar selbst im Garten ziehen, er benötigt allerdings viel Aufmerksamkeit und Pflege. Am besten kaufst du den Meerrettich deshalb beim Gemüsehändler.

Bei diesen Erkrankungen setzt du Meerrettich ein

Die Hexen fanden heraus, dass sich Meerrettich sehr gut bei Entzündungen und rheumatischen Beschwerden sowie starken Kopfschmerzen verwenden lässt. Meerrettich hat außerdem eine harntreibende und entwässernde Wirkung und regt die Verdauung und den gesamten Stoffwechsel an.

Ein Meerrettich-Trunk für eine bessere Verdauung

Besonders bei Darmträgheit und Verstopfung kann ein uraltes Hexenrezept sehr gut helfen: Für den Meerrettich-Trunk reibst du ein kleines Stückchen frische Meerrettich-Wurzel sehr fein und rührst sie dann in ein Glas warme Milch. Lass diesen Trunk fünf Minuten lang ziehen und trinke ihn einmal täglich. Übrigens: Dieser Trunk wirkt auch sehr gut, wenn du plötzlich starke Kopfschmerzen bekommst! Aber Vorsicht: Mehr als ein Glas täglich solltest du auf keinen Fall trinken, da das scharfe ätherische Öl des Meerrettichs zu Magenschmerzen führen kann!

Meerrettich-Eier, um den Stoffwechsel anzuregen

Mit Meerrettich-Eiern kannst du ganz schnell einen leckeren Party-Snack zaubern, der noch dazu sehr gesund ist. Dazu kochst du einfach zehn Eier richtig hart (also ca. zehn Minuten lang), schreckst sie dann unter kaltem Wasser ab und lässt sie völlig abkühlen. Schäle →

die Eier und halbiere sie. Mit einem kleinen Löffel nimmst du die Eigelbe heraus und gibst sie in eine Schüssel. Mische einen halben Teelöffel Meerrettich unter die Eigelbe und zerdrücke alles mit ein wenig Olivenöl, zwei durchgepressten Knoblauchzehen, etwas Salz und Pfeffer zu einer festen Creme. Abschließend füllst du die Creme in die Eihälften und bestreust sie mit fein gehackter Petersilie.

Ein Meerrettich-Umschlag bei rheumatischen Beschwerden

Rheuma ist eine schlimme Krankheit, und besonders ältere Menschen leiden häufig darunter. Mit einem Meerrettich-Umschlag kannst du diese Schmerzen etwas lindern – du darfst aber auf keinen Fall zu viel Meerrettich verwenden, da dies sonst zu Hautreizungen führen könnte! Für den Umschlag mischst du einen Teelöffel Meerrettich und einen Teelöffel kaltes Wasser und gibst diese Mischung auf ein kleines Tuch. Leg das Tuch nun auf die schmerzende Stelle und lass die Paste dort etwa fünf Minuten lang einwirken.

Wichtig: Meerrettich enthält sehr scharfe ätherische Öle, auf die manche Menschen allergisch reagieren. Aber auch ohne Allergie kann der Meerrettich reizend wirken und zum Beispiel auf der Haut rote, brennende Stellen verursachen. Sei mit der Dosierung des Meerrettichs also sehr vorsichtig!

Melisse

Botanischer Name: *Melissa officinalis*

Andere Namen: **Gartenmelisse, Zitronenkraut, Zitronenmelisse**

Das musst du über Melisse wissen

Melisse wurde von den weitgereisten keltischen Hexen aus dem Orient mitgebracht und war wegen ihres starken Zitronenaromas damals eine viel bewunderte Pflanze. Schnell verbreitete sich das Wissen um ihre vielfältigen Heilwirkungen, so dass die Melisse bald auch bei uns heimisch wurde. Bis ins 8. Jahrhundert war sie aber noch ein sehr gut gehütetes Hexenkraut – erst dann entdeckten sie auch die Mönche und machten sie zu einem festen Bestandteil der klösterlichen Kräutergärten.
Melisse kannst du sehr gut selbst ziehen – am besten übrigens in einem Blumentopf. Melisse kaufst du einfach als Jungpflanze und kannst die Blätter und Stiele dann vom Frühjahr bis in den späten Herbst hinein ernten.

Bei diesen Erkrankungen setzt du die Melisse ein

Melisse enthält ein sehr starkes ätherisches Öl, das ihr den typischen Zitronengeschmack verleiht. Dieses Öl wirkt sehr entspannend, unterstützt den Kreislauf und hilft zusammen mit den weiteren Inhaltsstoffen sehr gut bei Magenschmerzen.

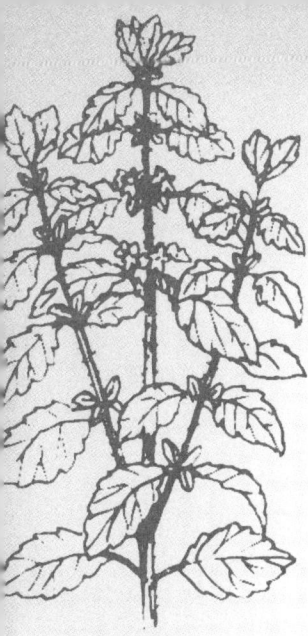

Ein Melissen-Tee zur Entspannung

Für den Melissen-Tee gibst du ein bis zwei Teelöffel getrocknete Blätter in eine Tasse und füllst kochendes Wasser auf. Lass den Tee zehn Minuten offen ziehen und siebe die Blätter dann sorgfältig ab. Wenn du sehr gestresst bist, trinkst du täglich zwei Tassen des lauwarmen Tees.

Ein Melissen-Brotaufstrich gegen Magenschmerzen

Bei Magenschmerzen zerhackst du zwei Teelöffel frische Melissenblätter, gibst etwas Olivenöl und eine kleine Prise Zucker hinzu, vermischst das Ganze und streichst diese Masse auf eine Scheibe trockenes Brot.

Ein „Melissen-Geist" nach üppigem Essen und zur Entspannung

Mit „Geist" ist nichts anderes gemeint als ein alkoholischer Aufguss, den schon unsere Hexenvorfahren sehr häufig bei starker Nervosität und Angstgefühlen einsetzten. Dazu gibst du etwa 200 bis 250 Gramm frische Melissenblätter in eine Flasche und füllst sie mit einem Liter 40-prozentigem klaren Schnaps wie etwa Korn. Verschließe die Flasche nun fest und stelle sie für zehn Tage an einen warmen Ort. Danach siebst du die Melissenblätter sehr sorgfältig ab und lässt den „Geist" nochmals für drei Tage stehen.

Nach einem sehr üppigen Essen kannst du ein kleines Gläschen Melissengeist trinken. Übrigens: In einer originellen Flasche und mit einem schönen, selbst gemachten Etikett versehen, ist ein solcher Hexentrunk ein perfektes Geschenk!

Wichtig: Wie für alle alkoholischen Aufgüsse und Getränke gilt natürlich auch für den Melissengeist: Kinder und Schwangere dürfen keinen Alkohol trinken!

Oregano

Botanischer Name: *Origanum vulgare*

Andere Namen: Dost, Wilder Majoran

Das musst du über Oregano wissen

Oregano wird manchmal auch als Origanum oder Origano bezeichnet, gemeint ist aber dasselbe. Alles was du über Oregano wissen musst, findest du unter der Pflanze „Dost", Seite 44.

Petersilie

Botanischer Name:
Petroselinum crispum

Andere Namen: Kräutel, Peterling,
Petersil, Petersilgenkraut

Das musst du über Petersilie wissen

Petersilie ist ein uraltes Hexenkraut, das
vor rund 4000 Jahren aus dem Mittelmeerraum zu uns kam. Über viele Jahrhunderte wussten nur die Hexen um die
Wirkungen dieser Pflanze, und erst um
1450 entdeckten auch die Mönche ihre
Heilkraft und pflanzen sie seitdem in
den Klostergärten an. Petersilie kannst
du als krause oder glattblättrige Pflanze kaufen oder selbst ziehen – die
Wirkung ist bei beiden Sorten dieselbe, nur lässt sich die glattblättrige
Sorte einfacher waschen und klein hacken.
Petersilie kannst du problemlos im Garten oder im Topf ziehen – achte
nur auf Schnecken, deren Lieblingsspeise die jungen Petersilienpflänz-
chen sind. Du säst die Petersilie ab Mitte März aus und kannst nach etwa
acht Wochen die ersten Blättchen und Stängel ernten.

Bei diesen Erkrankungen setzt du die Petersilie ein

Petersilie steckt voll wertvollem Vitamin C, weshalb du sie besonders gut
zur Vorbeugung gegen Erkältungskrankheiten einsetzen kannst. Darüber
hinaus wirkt sie blutreinigend und regt die Verdauung an. Auch zur Linderung von Insektenstichen ist die Petersilie übrigens sehr gut geeignet.

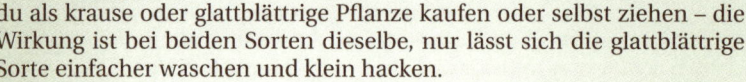

Eine blutreinigende Petersilien-Creme

Für die Petersilien-Creme brauchst du einen Esslöffel sehr fein
gehackter Petersilienblätter, die du gründlich mit ein wenig Olivenöl
vermischst. Rühre die Creme so lange, bis eine feste Masse entsteht –
wird sie zu fest, gibst du einfach ein bisschen mehr Öl hinzu. Würze
die Creme nun mit Salz und Pfeffer, rühre sie nochmals gründlich
durch und lass sie eine Stunde lang im Kühlschrank ziehen. Danach
kannst du sie zum Beispiel als Brotaufstrich verwenden oder Toma-
tenscheiben damit garnieren. Übrigens: Noch wirksamer wird die
Creme, wenn du eine kleine Knoblauchzehe presst und mit untermischst.

Ein Petersilien-Umschlag bei Insektenstichen

Hat dich eine Mücke gestochen und du hast nichts anderes zur Hand, kannst du dir mit einem Petersilien-Umschlag sehr gut helfen. Dazu schneidest du einen Teelöffel Petersilie sehr fein und gibst einige Tropfen eiskaltes Wasser dazu. Mische daraus eine feste Paste, die du auf den Insektenstich legst und mit einem Taschentuch oder einem Stück Verbandsmull bedeckst. Lass den Umschlag 20 Minuten auf dem Stich liegen – wenn du willst, kannst du einfach neues Wasser hinzugeben und den Umschlag weitere 20 Minuten tragen. Noch besser wirkt der Umschlag übrigens, wenn du statt Wasser einen halben Teelöffel Zwiebelsaft nimmst!

Zur Vorbeugung

Zur Vorbeugung gegen Erkältungskrankheiten solltest du möglichst oft ein wenig Petersilie essen. Dazu musst du nicht unbedingt ein eigenes Petersilien-Gericht zubereiten. Es genügt, wenn du die Petersilie einfach in den Salat oder eine Suppe streust.

Pfefferminze

Botanischer Name: *Mentha piperita*

Andere Namen: Englische Minze, Minzkraut, Perperite

Das musst du über Pfefferminze wissen

Pfefferminze, wie wir sie heute kennen, gibt es erst seit wenigen Jahrhunderten – im Mittelalter waren die Pflanzen lange nicht so aromatisch wie unsere heutigen modernen Züchtungen und enthielten natürlich auch nicht so viele Wirkstoffe. Das ist auch der Grund, warum man in den Rezeptbüchern der mittelalterlichen Hexen ganz andere Dosierungen findet. Für den heilsamen Pfefferminztee verwendete eine Hexe um 1200 ca. sieben Esslöffel Kraut für eine Tasse – heute genügt schon ein einziger Teelöffel!

Pfefferminze kannst du im Garten oder im Topf ziehen. Weil sich Pfefferminze vor allem über ihre Wurzeln vermehrt, kaufst du eine Jungpflanze und setzt sie im Frühjahr ein. Du kannst nun den ganzen Sommer über die Blätter ernten und trocknen oder frisch verwenden.

Bei diesen Erkrankungen setzt du Pfefferminze ein

Pfefferminze enthält sehr viel Menthol, das du gegen hartnäckigen Husten und Schnupfen einsetzt. Außerdem wirkt Pfefferminze sehr gut gegen Magen-Darm-Probleme und Durchfälle.   →

Ein Pfefferminztee bei Magen-Darm-Problemen

Natürlich kannst du Pfefferminztee auch in Beuteln kaufen – er enthält aber längst nicht so viele Wirkstoffe wie ein selbst gemachter Tee. Für den Pfefferminztee brauchst du einen Teelöffel getrocknete Blätter, die du zwischen den Fingern fein zerreibst und in eine Tasse gibst. Fülle die Tasse mit kochendem Wasser und lass den Tee abgedeckt 15 Minuten lang ziehen. Dann siebst du die Blätter sorgfältig ab und trinkst vom lauwarmen Tee täglich zwei Tassen.

Ein Inhalationsbad bei hartnäckigem Husten und Schnupfen

Für das Inhalationsbad gibst du zwei Esslöffel getrocknete Pfefferminze in eine Schüssel oder einen Topf und füllst einen Liter kochendes Wasser dazu. Lass diesen Aufguss nun fünf Minuten ziehen, rühre ihn dann gründlich um und inhaliere den Dampf fünf Minuten lang.

Eine Gurgellösung für frischen Atem

Für einen frischen Atem brauchst du keine Kaugummis und auch kein Mundwasser – mit einer Pfefferminz-Gurgellösung erreichst du nämlich dasselbe!

Für die Gurgellösung gibst du zwei Teelöffel getrocknete Pfefferminze in eine Tasse und füllst sie mit kochendem Wasser. Lass den Aufguss 20 Minuten lang abgedeckt ziehen und siebe dann die Kräuter sehr sorgfältig ab. Mit dieser Lösung gurgelst du nun zweimal täglich zwei Minuten lang.

Wichtig: Das in der Pfefferminze enthaltene Menthol vertragen manche Menschen nicht oder sind sogar allergisch dagegen. Weil Menthol ziemlich scharf ist, solltest du Pfefferminze bei kleinen Kindern besser nicht anwenden.

Rettich

Botanischer Name:
Raphanus sativus

**Andere Namen: Schwarzer Rettich,
Winterrettich, Radi**

Das musst du über Rettich wissen

Rettich ist eine sehr alte Heilpflanze –
wahrscheinlich kannten ihn bereits die
keltischen Hexen. Schon damals ging es
den meisten Menschen allerdings nicht
anders als heute – entweder mochten sie den
Rettichgeschmack, oder sie hassten ihn. Heute gibt
es richtige Rettich-Fanclubs, und besonders in Bayern ist
der Rettich ein fester Bestandteil der Speisekarte. Vom Rettich gibt es
zahlreiche unterschiedliche Sorten, wobei der Weiße, der Schwarze und
der Rote Rettich die bekanntesten sind.

Rettich kannst du im Garten selbst ziehen, allerdings benötigt er einen
nährstoffreichen und tiefgründigen Boden, weshalb er sich auch nicht
für den Blumentopf eignet. Du säst die Rettichsamen im März aus und
kannst – je nach Sorte – bereits ab Mitte Mai die ersten Rettiche ernten.
Rettich wird aber auch in Gewächshäusern gezogen, deshalb kannst du
ihn das ganze Jahr über auf dem Gemüsemarkt kaufen.

Bei diesen Erkrankungen setzt du Rettich ein

Rettich enthält sehr viele Vitamine und Nährstoffe, weshalb du ihn gut
gegen Erkältungskrankheiten einsetzen kannst. Besonders wirksam ist
allerdings der Rettichsaft, der schon in den ältesten Hexenrezepten als
das perfekte Mittel gegen hartnäckigen Husten auftaucht.

Ein Rettichsaft gegen hartnäckigen Husten

Für den Rettichsaft brauchst du einen Roten Rettich (im Notfall kannst
du auch einen Schwarzen nehmen), den du mit einem Messer vorsichtig aushöhlst. Nun füllst du die Höhlung mit braunem Kandis-
zucker und stellst den Rettich aufrecht, z.B. zwischen zwei Töpfe. Es
kann einige Minuten bis zu einer halben Stunde dauern, bis sich aus
dem Rettichsaft und dem Zucker eine sirupartige Masse gebildet hat.
Von diesem Saft nimmst du täglich vier bis fünf Teelöffel – du kannst
ihn auch direkt in heißen Tee geben und trinken. Den Rettichsaft
kannst du einen Tag lang im Kühlschrank aufbewahren. →

Wichtig: Rettich hat einen ausgesprochen scharfen Saft, den manche Menschen einfach nicht vertragen, sie bekommen Magenschmerzen oder sogar Durchfall davon. Um dem Rettich etwas von seiner Schärfe zu nehmen, kannst du ihn „weinen" lassen: Dazu schneidest du ihn in dünne Scheiben, streust Salz darüber und mischst das Ganze gut durch. Nach etwa zehn Minuten hat das Salz dem Rettich einen großen Teil des scharfen Saftes entzogen – leider aber auch die meisten Wirkstoffe. Wenn du den Rettich verträgst, solltest du auf diese Methode besser verzichten.

Ringelblume

Botanischer Name:
Calendula officinalis

Andere Namen: Gilgenblume, Goldblume, Studentenblume, Regenblume, Ringelrose, Warzenblume

Das musst du über die Ringelblume wissen
Die Ringelblume kannten die Hexen der Jahrtausendwende bereits sehr gut, denn sie kam überall in Europa vor. Erst im späten Mittelalter wurde die Ringelblume jedoch richtig bekannt und vor allem in den Klostergärten der Mönche angepflanzt.
Die Ringelblume kannst du im Garten oder im Blumentopf sehr einfach selbst ziehen, denn sie ist anspruchslos und braucht keine besondere Pflege und Aufmerksamkeit. Du säst sie im März aus und kannst die Blütenblätter vom Frühsommer bis in den Herbst hinein ernten.

Bei diesen Erkrankungen setzt du die Ringelblume ein
Die Ringelblume wurde im Mittelalter zur Wunderpflanze – der Grund war ihre wundheilende Wirkung. Sie eignet sich als Umschlag zur Behandlung von Verstauchungen und Prellungen, bei leichten Verbrennungen oder einem Sonnenbrand, aber auch bei Magen-Darm-Problemen und Durchfällen sowie als Gurgellösung bei Zahnfleischentzündungen.

Ein Ringelblumen-Umschlag bei Verstauchungen und Prellungen
Für den Ringelblumen-Umschlag brauchst du zwei Esslöffel getrocknete Blüten, die du ein wenig zerdrückst und in einer Tasse mit einem Teelöffel kaltem Wasser vermischst. Rühre diese Mischung

gut durch, bis sich eine cremige Paste ergibt. Damit bestreichst du die verstauchte oder geprellte Stelle und wickelst ein feuchtes Handtuch oder einen leichten Verband darum. Trage diesen Umschlag mindestens 30 Minuten, am besten aber ein bis zwei Stunden lang.

Ein Ringelblumen-Tee bei Magen-Darm-Problemen und Durchfall
Für den Ringelblumen-Tee gibst du einen halben Teelöffel getrocknete Blüten in eine Tasse und füllst sie mit kochendem Wasser. Umrühren und den Tee zehn Minuten lang abgedeckt ziehen lassen. Siebe dann die Blüten heraus und trinke täglich eine Tasse des lauwarmen Tees.

Eine Ringelblumen-Gurgellösung bei Zahnfleischentzündungen
Für die Gurgellösung gibst du zwei Teelöffel getrocknete Blüten und einen halben Teelöffel getrockneten Salbei in eine Tasse und füllst kochendes Wasser auf. Rühre diese Lösung gut um und lass sie zehn Minuten abgedeckt ziehen. Siebe nun alle Kräuter sehr sorgfältig ab und warte, bis die Lösung fast abgekühlt ist. Gurgle morgens und abends jeweils zwei Minuten lang gründlich damit.

Wichtig: Gekaufte getrocknete Ringelblumen müssen absolut dunkel und trocken aufbewahrt werden. Licht und zu hohe Luftfeuchtigkeit verringern schnell ihre Heilwirkung.

Rosmarin

Botanischer Name: *Rosmarinus officinalis*

Andere Namen: Antonskraut, Meertran, Rosmariunskraut

Das musst du über Rosmarin wissen
Rosmarin brachten die keltischen Hexen vor rund 4000 Jahren aus dem Mittelmeerraum nach Deutschland und erkannten bald seine starke Heilwirkung. So wurde er über Jahrtausende hinweg als Hexenkraut verwendet. In unserer modernen Zeit haben die meisten Menschen allerdings vergessen, wie wertvoll er ist, und nutzen ihn nur noch als Gewürz. Rosmarin wächst in bis zu zwei Meter hohen Büschen – allerdings nur in seinen Heimatländern rund ums Mittelmeer, wo es warm genug ist. Du kannst Rosmarin zu Hause in einem Topf ziehen, musst ihn aber stets in die Sonne stellen und vor dem ersten Frost ins Haus holen. Zum Kochen kannst du ganze Rosmarinzweige verwenden, für meine Rezepte nur die Nadeln.

Bei diesen Erkrankungen setzt du Rosmarin ein
Rosmarin hat eine verdauungsfördernde und zugleich anregende Wirkung. Er stärkt die Durchblutung und damit auch die Nerven. →

Ein anregendes Rosmarin-Bad

Wenn du müde und abgeschlagen bist, hilft ein Rosmarin-Bad sehr gut. Dazu gibst du zwei Esslöffel frische oder einen Esslöffel getrocknete Nadeln in einen Topf und füllst einen Liter kochendes Wasser auf. Lass diesen Aufguss etwa 10 bis 20 Minuten ziehen, rühre ihn zwischendurch immer wieder um und siebe dann die Nadeln ab. Den Aufguss gibst du nun ins heiße Badewasser, in dem du 15 Minuten lang liegen bleibst.

Ein Rosmarin-Wein bei niedrigem Blutdruck

Die anregende Wirkung des Rosmarins kannst du gut nutzen, wenn du unter niedrigem Blutdruck leidest. Dazu gibst du einen Esslöffel frische Nadeln in eine Flasche und füllst mit 750 Milliliter lieblichem Weißwein auf. Verschließe die Flasche fest und lass den Wein fünf Tage lang an einem dunklen, kühlen Ort reifen. Dann siebst du die Nadeln sorgfältig ab und trinkst täglich zwei kleine Gläschen des Weins.

Wichtig: Wie für alle alkoholischen Getränke gilt natürlich auch für den Rosmarin-Wein: Schwangere und Jugendliche dürfen keinen Alkohol trinken!

Salbei

Botanischer Name: *Salvia officinalis*

Andere Namen: Edelsalbei, Kreuzsalbei, Muskatkraut

Das musst du über Salbei wissen

Genau wie Rosmarin wurde auch Salbei von den keltischen Hexen aus den Mittelmeerländern mit nach Deutschland und Nordeuropa gebracht. Im hohen Mittelalter wurde er zu einer der meistbenutzten Heilpflanzen und besonders in den Kräutergärten der Klöster angepflanzt.
Salbei kannst du in einem Topf selbst ziehen, du musst aber darauf achten, dass die Pflanze genügend Sonne bekommt und keinesfalls dem Frost ausgesetzt wird. Salbei kannst du das ganze Jahr über ernten, wobei du nur die Blätter, frisch oder getrocknet, verwendest.

Bei diesen Erkrankungen setzt du Salbei ein

Salbei ist, ähnlich wie Kümmel, als ein Hexenkraut bekannt, das üppige Speisen bekömmlicher macht. Salbei regt die Gallen- und Magentätigkeit an und hilft sehr gut gegen Magenschmerzen und Verdauungsprobleme. Er wirkt desinfizierend und ist somit auch ein gutes Mittel bei Hals- oder Zahnfleischentzündungen.

Ein Salbei-Tee gegen Magenschmerzen nach üppigem Essen

Für den Salbei-Tee gibst du einen Teelöffel getrocknete Blätter in eine Tasse und übergießt sie mit heißem, noch nicht kochendem Wasser. Lass den Tee zehn Minuten offen ziehen und siebe die Blätter dann heraus. Von diesem Tee trinkst du nach einem sehr üppigen Essen eine Tasse.

Eine Gurgellösung bei Hals- oder Zahnfleischentzündungen

Für die Gurgellösung gibst du zwei Teelöffel getrocknete Blätter in eine Tasse, übergießt sie mit heißem, noch nicht kochendem Wasser und lässt diesen Aufguss zehn Minuten abgedeckt stehen. Siebe danach alle Blätter sehr sorgfältig ab und gurgle mit der noch leicht warmen Lösung morgens und abends zwei Minuten lang. Achte darauf, dass du von dieser Gurgellösung nichts verschluckst, sondern nach dem Gurgeln alles wieder ausspuckst! →

Ein Salbei-Umschlag zur besseren Wundheilung

Wenn du eine Hautverletzung hast, die nur sehr langsam und mühsam heilt, kannst du den Heilungsprozess mit einem Salbei-Umschlag beschleunigen. Dazu gibst du zwei Teelöffel frische Blätter auf ein Brettchen und quetscht sie mit einem Nudelholz oder einem großen Löffel leicht an. Gib die Blätter nun in eine Tasse und mische einen halben Teelöffel kaltes Wasser unter, so dass eine leicht klebrige Masse entsteht. Diese Masse streichst du auf die Wunde und bedeckst sie mit einem leichten Verband. Trage diesen Umschlag zwei bis drei Stunden täglich auf der Wunde, und du wirst sehen, wie schnell sie abheilt.

Wichtig: Salbei ist ein sehr gutes Beispiel dafür, dass du mit den Heil- und Hexenkräutern sehr vorsichtig umgehen musst. Diese so wunderbare Pflanze enthält nämlich leider auch eine giftige Substanz, das so genannte „Thujon", das du zum Beispiel auch in der Thuja-Pflanze findest. Wenn du zu viel von dieser Substanz zu dir nimmst, verursacht Salbei genau das, was er eigentlich verhindern soll. Du darfst deshalb nicht mehr als zwei Tassen Salbei-Tee täglich trinken und dies auch nicht länger als drei Tage hintereinander. Wegen der Substanz Thujon sollten Schwangere gar keinen Salbei-Tee trinken und Salbei auch als Gewürz nur sehr, sehr sparsam einsetzen!

Schafgarbe

Botanischer Name: *Achillea millefolium*

Andere Namen: **Allheilkraut, Bauchwehkraut, Schafrippe, Tausenblattkraut**

Das musst du über Schafgarbe wissen

Schafgarbe ist ein sehr altes Hexenkraut – bereits unsere Hexenvorfahren vor 3000 Jahren setzten sie erfolgreich ein. Weil die Schafgarbe eine ziemlich anspruchslose Pflanze ist und fast überall, wo es nicht zu nass ist, wächst, fanden die Hexen sie überall in Europa.

Schafgarbe kannst du selbst im Topf anpflanzen, sie darf aber keinem Frost ausgesetzt werden. Von Juli bis Oktober, wenn die Schafgarbe blüht, ist Erntezeit. Du schneidest die blühenden, aber nicht holzigen Triebe sehr nah am Boden ab und hängst sie zum Trocknen auf. Willst du Schafgarbe als Gewürz, zum Beispiel für Salate oder zu einem Braten, verwenden, nutzt du dazu die frischen Blätter.

Bei diesen Erkrankungen setzt du Schafgarbe ein

Schafgarbe enthält verschiedene Bitterstoffe und ätherische Öle, die verdauungsfördernd wirken und gleichzeitig gegen Entzündungen helfen. Ihren Namen „Bauchwehkraut" hat die Schafgarbe von einer weiteren Eigenschaft: Sie wirkt entkrampfend, was besonders bei Menstruationsbeschwerden sehr gut hilft.

Ein entkrampfender Schafgarben-Tee gegen Bauchschmerzen

Besonders bei Menstruationsbeschwerden, aber auch bei Bauchschmerzen nach zu üppigem Essen hilft ein Schafgarben-Tee sehr gut. Dazu gibst du einen Teelöffel getrocknetes Kraut in eine Tasse und füllst sie mit kochendem Wasser. Lass den Tee nun fünf Minuten abgedeckt ziehen und siebe das Kraut danach sorgfältig ab. Ist der Tee nur noch lauwarm, trinkst du davon direkt nach dem Essen, ansonsten zweimal täglich eine Tasse.

Ein Schafgarben-Umschlag bei Entzündungen

Bei Entzündungen der Haut, wie etwa hartnäckigen Pickeln, kann ein Schafgarben-Umschlag sehr gut helfen. Wichtig ist dabei allerdings, dass du ihn niemals auf eine offene und eiternde Wunde legen darfst! Für den Umschlag gibst du drei Esslöffel getrocknetes Kraut in einen Topf und füllst einen Liter kochendes Wasser dazu. Rühre diesen Aufguss gut um und lass ihn fünf Minuten abgedeckt ziehen. Siebe dann das Kraut heraus und lege ein kleines Handtuch oder eine Mullkompresse in den Topf. Warte weitere fünf Minuten, nimm das Tuch vorsichtig heraus (am besten mit einer Gabel) und lass es – zum Beispiel im Waschbecken – abkühlen. Sobald es völlig abgekühlt ist, wringst du es ein wenig aus und legst es auf die betroffene Hautstelle, wo du den Sud eine halbe Stunde einwirken lässt.

Wichtig: Es gibt leider viele Menschen, die gegen Schafgarbe allergisch sind und nach ihrem Genuss sehr empfindlich auf Sonnenlicht reagieren. Natürlich dürfen diese Menschen Schafgarbe nicht verwenden. Ebenso sollten Schwangere auf dieses Kraut verzichten.

Senf

Botanischer Name: *Sinapis alba*

Andere Namen: Schwarzer Senf, Schwarzer Kohl

Das musst du über Senf wissen

Senf kennen wir heute eigentlich nur noch als Gewürz – dabei ist er eine sehr wirkungsvolle Heilpflanze, die schon unsere Hexenvorfahren vor rund 4000 Jahren nutzten. Vom Senf gibt es zwei Arten, die manchmal (und besonders im Volksmund) durcheinander gebracht werden. Am bekanntesten ist zwar der Weiße Senf (*Sinapis alba*), als Heilpflanze kannst du aber genauso den Schwarzen Senf (*Sinapis nigra*) einsetzen. Er hat dieselben Wirkungen wie Weißer Senf, schmeckt aber würziger. Noch im Mittelalter wussten die meisten Menschen nichts von der Heilwirkung des Senfs. Stattdessen wurde er meist dazu benutzt, den Geschmack von schon leicht verdorbenem Fleisch zu überdecken.

Senf kannst du ganz problemlos selbst anpflanzen und ernten. Sobald die Senfschoten im Sommer ausgebleicht sind, kannst du die Senfkörner einsammeln. Die Körner legst du zum Trocknen am besten auf ein Backblech, so dass sie nicht übereinander liegen. Sie müssen richtig trocken sein.

Bei diesen Erkrankungen setzt du Senf ein

Senf wirkt anregend auf die Verdauung und den Stoffwechsel und macht üppige Speisen verdaulicher. Aber auch bei Bauchschmerzen oder Blähungen nach einem zu fetten Essen hilft Senf sehr gut. Aufgrund seiner desinfizierenden Wirkung kannst du ihn ebenfalls gegen Entzündungen im Mundraum oder bei starkem Husten einsetzen.

Eine Senf-Mundspülung bei Zahnfleischentzündungen

Für die Mundspülung quetschst du einen Teelöffel getrocknete Körner (am besten mit dem Nudelholz). Zerdrücke sie aber nicht zu fein, sondern nur so stark, dass sie aufplatzen. Gib die Körner nun in eine Tasse und fülle diese mit warmem (nicht mit hei-

ßem!) Wasser. Rühre den Aufguss gut um und lasse ihn fünf Minuten ziehen. Dann siebst du die Körner sorgfältig ab und spülst den Mund dreimal täglich gründlich mit dieser Lösung aus.

Ein Senf-Inhalationsbad bei starkem Husten

Für das Inhalationsbad zerdrückst du zwei Esslöffel getrocknete Senfkörner sehr fein. Es sollte fast ein Mehl sein. Gib das Senfmehl in einen Topf oder eine Schüssel und gib einen Liter kochendes Wasser hinzu. Rühre diesen Aufguss gründlich um und atme den Dampf fünf Minuten lang ein.

Wichtig: Was Senf eigentlich so scharf macht, ist das Sinalbin. Je nach Senfsorte kann davon mehr oder weniger in den Senfkörnern enthalten sein – sei also bei der Dosierung sehr vorsichtig! Besonders beim Inhalationsbad musst du aufpassen, denn zu viel von der Schärfe kann deine Schleimhäute reizen. Beginne also zunächst mit einer niedrigeren Dosierung, die du bei Bedarf später langsam steigern kannst.

Thymian

Botanischer Name: *Thymus vulgaris*

Andere Namen: Bienenkraut, Hühnerklee, Wilder Zimt

Das musst du über Thymian wissen

Die Hexen des frühen Mittelalters brachten den Thymian nach Deutschland, wo er wegen seiner vielfältigen Heilwirkungen schon bald sehr bekannt und beliebt wurde.
Thymian kannst du sehr gut im Topf ziehen, er braucht allerdings viel Sonne und darf nicht zu viel gegossen werden. Die Blätter und jungen Triebe kannst du von Mai bis etwa November ernten und entweder gleich frisch verwenden oder trocknen.

Bei diesen Erkrankungen setzt du Thymian ein

Thymian enthält viel ätherisches Öl, das beruhigend wirkt und deshalb als Tee sehr gut bei Blähungen und Durchfall hilft. Als Gurgellösung heilt Thymian Zahnfleischentzündungen und wird seit Jahrhunderten gegen hartnäckigen Husten eingesetzt.

Ein Thymian-Tee gegen Durchfall und Blähungen

Für den Thymian-Tee gibst du einen Teelöffel getrocknete Blätter und Triebe in eine Tasse und füllst diese mit kochendem Wasser. Lass den Tee zehn Minuten lang abgedeckt ziehen, rühre ihn gründlich um und siebe dann die Kräuter heraus. Von dem lauwarmen Tee trinkst du drei Tassen täglich.

$\rightarrow$

Ein Thymian-Inhalationsbad bei starkem Husten

Für das Inhalationsbad gibst du sechs Esslöffel frische Blätter und Blüten in einen Topf oder eine Schüssel und schüttest einen Liter kochendes Wasser hinzu. Rühr den Aufguss gründlich um und atme den Dampf zehn Minuten lang ein. Bekommst du keinen frischen Thymian, kannst du natürlich auch den getrockneten verwenden – davon allerdings nur drei Esslöffel.

Ein Thymian-Umschlag bei Quetschungen und Verstauchungen

Die beruhigende Wirkung des Thymians kannst du auch sehr gut bei Quetschungen, Verstauchungen und Prellungen nutzen. Für den Thymian-Umschlag gibst du vier Esslöffel frische Blätter und Triebe auf ein Tuch oder einen Verband und rollst sie dort ein. Drücke den Verband nun ein wenig oder rolle ihn wie ein Nudelholz auf dem Tisch hin und her, so dass die Blätter ihren Saft abgeben. Dann legst du den Verband auf die betroffene Hautstelle, drückst ihn etwas an und lässt den Thymian eine Stunde einwirken.

Veilchen

Botanischer Name: *Viola odorata*

Andere Namen: Ackerveilchen, Dankblümchen, Dreifaltigkeitsblümchen, Feldstiefmütterchen, Flockenblume, Jesusblümchen, Märzveilchen

Das musst du über Veilchen wissen

Veilchen brachten unsere Hexenvorfahren vor rund 3000 Jahren aus dem Mittelmeerraum nach Deutschland. Dort wurde es ab dem Mittelalter auch in den Klostergärten angepflanzt – bis heute wissen aber nur die wenigsten Menschen von seiner Heilkraft und kennen es eigentlich ausschließlich als Schmuckpflanze.

Veilchen kannst du sowohl im Garten als auch im Topf ziehen und musst dabei auf nichts Besonderes achten. Damit das Veilchen besser wächst und gedeiht, solltest du lediglich die welken Blüten regelmäßig entfernen. Vom Veilchen kannst du im Frühjahr sowohl die Blüten als auch die Blätter ernten und frisch verwenden oder trocknen.

Bei diesen Erkrankungen setzt du Veilchen ein
Aufgrund seiner Inhaltsstoffe kannst du das Veilchen besonders gut bei hartnäckigem Husten einsetzen. Es hilft auch bei leichten Kopfschmerzen und bei Schlafproblemen.

Ein Veilchen-Tee gegen hartnäckigen Husten
Für den Veilchen-Tee gibst du ein bis eineinhalb Teelöffel getrocknete Blätter in eine Tasse und füllst diese mit kochendem Wasser. Lass den Tee nun zehn Minuten lang abgedeckt ziehen, rühre ihn gründlich um und siebe die Blätter sorgfältig heraus. Vom lauwarmen Tee trinkst du zwei Tassen täglich. Damit der Tee etwas wohlschmeckender wird, kannst du ihn mit etwas Honig süßen.

Ein Veilchen-Salat gegen Kopfschmerzen und Schlafprobleme
Wenn du häufig unter Kopfschmerzen leidest oder Probleme mit dem Einschlafen hast, wird dir ein Veilchen-Salat gut helfen. Dafür mischst du zunächst den Salat an, den du sowieso am liebsten isst (am besten wirkt übrigens der ganz einfache Feldsalat!) – verwende aber bitte kein Sahnedressing, sondern nur Öl und Essig. Würze das Dressing mit Salz und Pfeffer und rühre es gut durch. Nun gibst du einen Esslöffel frische Blüten zum Salat, mischst alles gut durch und lässt ihn vor dem Essen noch fünf Minuten durchziehen.

Wichtig: Früher verwendeten die Hexen auch die Wurzel des Veilchens, was man heute aber nur noch selten tut. Der Grund dafür sind die Inhaltsstoffe der Veilchenwurzel, die bei vielen Menschen Übelkeit und Schwindelgefühle hervorrufen.

Wacholder

Botanischer Name: *Juniperus communis*

Andere Namen: Kaddig, Reckholder, Spurke, Weckholder, Quickholder

Das musst du über Wacholder wissen
Wacholder ist eines der sehr alten Hexenkräuter, allerdings wird er heute fast nur noch als Gewürz oder für die Herstellung von Schnaps (dem berühmten Gin) verwendet.
Wacholder eignet sich nicht zum eigenen Anpflanzen. Du benötigst auch nur die getrockneten Beeren, die es überall zu kaufen gibt.

Bei diesen Erkrankungen setzt du Wacholder ein
Wacholder enthält verschiedene ätherische Öle, die ihn sehr wirksam bei Rheuma und Gicht machen. Das ist sicherlich auch der Grund dafür, weshalb diese Hexenpflanze im Mittelalter so beliebt war, denn damals litten mehr Menschen als heute an diesen Krankheiten. Seine Inhaltsstoffe helfen aber auch bei Sodbrennen und Verdauungsbeschwerden.

Ein Wacholder-Tee gegen Rheuma und Gicht
Für den Wacholder-Tee drückst du drei getrocknete Wacholderbeeren mit einem Löffel leicht an, so dass sie beginnen aufzuplatzen. Gib die Beeren nun in eine Tasse und fülle diese mit kochendem Wasser. Lass den Tee zehn Minuten ziehen, rühre ihn um und siebe die Beeren gründlich ab. Vom lauwarmen Tee trinkst du eine Tasse direkt nach dem Essen.

Ein Wacholder-Wein gegen Verdauungsbeschwerden und Sodbrennen
Besonders nach einem üppigen und vielleicht auch zu fetten Essen kann ein Wacholder-Wein sehr gut helfen. Dazu drückst du zwei bis drei getrocknete Beeren leicht an, bis sie beginnen aufzuplatzen. Gib die Beeren nun in einen kleinen Topf, gib 150 Milliliter milden Rotwein hinzu (am besten nimmst du einen trockenen Rotwein wie etwa einen Bordeaux, Brunello oder Rioja) und erwärme den Wein langsam. Achte darauf, dass der Wein nicht kocht; er darf nur leicht dampfen, dann ist die richtige Temperatur erreicht! Zieh den Topf nun vom Feuer

und lass ihn so weit abkühlen, bis er nur noch lauwarm ist. Siebe nun die Beeren sehr sorgfältig heraus und trinke ein Glas Wein direkt nach dem Essen.

Wichtig: Wacholder kann – wenn du ihn zu hoch dosierst – die Nieren stark reizen. Achte deshalb immer auf eine niedrige Dosierung! Schwangere sollten wegen dieser Nierenreizung am besten gar keinen Wacholder benutzen. Und natürlich gilt auch hier wieder: Jugendliche und Schwangere dürfen keinen Alkohol trinken!

Walnuss

Botanischer Name: *Juglans regia*

Andere Namen: Baumnuss, Welsche Nuss

Das musst du über die Walnuss wissen
Der Walnussbaum ist bis heute eine sehr geschätzte Pflanze – wahrscheinlich brachten ihn vor rund 3000 Jahren orientalische Hexen nach Europa.
Wenn du einen großen Garten und darin vielleicht einen alten Walnussbaum stehen hast, ist das ein Glücksfall. Er braucht nämlich viele Jahre, bis er die ersten Früchte trägt – besser also du kaufst die Walnüsse im Supermarkt. Leider sind Walnussbäume auch in der freien Natur sehr selten geworden – wenn du aber bei einem Herbstspaziergang im Wald durch Zufall auf einen stößt, dann solltest du die herabgefallenen Nüsse natürlich mitnehmen!

Bei diesen Erkrankungen setzt du Walnuss ein
Die Walnuss enthält ein sehr gesundes Öl, das bei der Vorbeugung von Erkältungskrankheiten hilft. Die Schale der Walnuss hilft sehr gut gegen Durchfall.

Eine Walnuss-Creme gegen Erkältungskrankheiten
Für die Walnuss-Creme brauchst du vier bis fünf Walnusskerne, die du sorgfältig von allen Schalenteilen befreist. Achte dabei auch auf die holzige Trennwand zwischen den beiden Kernhälften! Nun zerhackst und zerdrückst du die Kerne, bis sie eine feine Masse bilden – am besten geht das übrigens in einer Küchenmaschine. Die Kernmasse mischst du nun mit zwei Esslöffel Quark, und fertig ist ein leckerer Brotaufstrich. Wenn du es etwas herzhafter magst, kannst du den Quark natürlich mit Salz und Pfeffer würzen oder eine gepresste Knoblauchzehe untermischen. →

Ein Walnuss-Tee gegen Durchfall
Für den Walnuss-Tee brauchst du die Schalen von drei Walnüssen, die du vor dem Öffnen sehr gründlich unter fließendem Wasser abbürstest. Wickle die Schalen nun in ein Tuch und zerkleinere sie mit einem Hammer. Die zerkleinerten Schalen gibst du in einen Topf und füllst 500 Milliliter Wasser dazu. Bring das Wasser zum Kochen und lass es zehn Minuten leicht sieden. Nimm den Topf vom Feuer und lass den Tee weitere zehn Minuten lang ziehen. Nun siebst du die Nussschalen sehr sorgfältig ab (am besten gießt du den Tee durch einen Kaffeefilter in einen anderen Topf). Trinke vom lauwarmen Tee zwei Tassen täglich. Ist der Durchfall nach zwei Tagen noch nicht weg, solltest du unbedingt einen Arzt aufsuchen.

Wegrauke

Botanischer Name: *Eruca sativa*

Andere Namen: Senfrauke, Rucola

Das musst du über Wegrauke wissen
Wegrauke kannten bereits unsere Hexenvorfahren vor fast 4000 Jahren – damals wuchs sie natürlich noch wild in den Wäldern und wurde nicht wie heute industriell angebaut. Während die Wegrauke heute nur noch „nebenbei", zum Beispiel als Salat, gegessen wird, war sie bis ins späte 17. Jahrhundert ein wichtiger Bestandteil der täglichen Ernährung.
Den Namen „Wegrauke" kennen heute fast nur noch Pflanzenexperten und natürlich Hexen. In der Gemüseabteilung des Supermarktes wirst du die Wegrauke nur unter dem Namen „Rucola" finden. Rucola kannst du ganz problemlos selbst im Garten oder im Töpfchen ziehen. Hast du sie im Frühjahr ausgesät, wächst die Wegrauke sehr schnell, und du kannst ständig die frischen Blätter ernten.

Bei diesen Erkrankungen setzt du Wegrauke ein

Wegrauke hat einen sehr hohen Vitamin-C-Gehalt und hilft deshalb sehr gut bei der Vorbeugung gegen Erkältungskrankheiten. Aber auch wenn die Erkältung dich bereits erwischt hat, wirst du sie mit der Wegrauke schneller überstehen. Neben Vitamin C enthält die Wegrauke auch so genannte Senföle, die die Verdauung anregen und desinfizierend wirken.

Ein Wegrauke-Salat zur Vorbeugung gegen Erkältungskrankheiten

Für den Wegrauke-Salat brauchst du pro Person eine Hand voll Rauke-Blätter, die du zehn Minuten lang ins kalte Wasser legen kannst, damit sie weniger bitter sind. Lass die Blätter abtropfen und rühre währenddessen ein Dressing aus Olivenöl und etwas Essig an, das du mit Salz und frisch gemahlenem schwarzem Pfeffer würzt. Willst du den Rauke-Salat wirkungsvoller machen, rührst du noch eine gepresste Knoblauchzehe in das Dressing ein. Gib die Wegraukeblätter nun zum Dressing, mische den Salat gut durch und lass ihn vor dem Essen noch fünf Minuten stehen. Übrigens: Wenn du zum Wegrauke-Salat noch eine Hand voll Löwenzahnblätter gibst, bekommst du damit einen echten „Erkältungs-Killer"!

Ein Wegrauke-Brotaufstrich gegen Erkältungskrankheiten

Für den Brotaufstrich brauchst du eine Hand voll frischer Blätter, die du sehr fein hackst oder am besten in einer Küchenmaschine zu einem feinen Mus zerkleinerst. Wenn dir die Blätter zu bitter sind, legst du sie vor dem Zerkleinern für zehn Minuten ins kalte Wasser. Rühre die Masse anschließend gut durch und mische dabei tröpfchenweise Olivenöl dazu, bis eine Creme entsteht. Die Creme würzt du nun ganz nach Geschmack mit Salz und Pfeffer – wenn du möchtest, kannst du auch etwas gepressten Knoblauch hinzugeben. Lass die fertige Creme zehn Minuten ruhen und streiche sie dann zum Beispiel auf frisch getoastetes Weißbrot. Möchtest du ein bisschen Abwechslung, kannst du zur fertigen Creme noch etwas Quark mischen.

Ysop

Botanischer Name: *Hyssopus officinalis*

Andere Namen: Brustkraut, Klosterkraut

Das musst du über Ysop wissen

Ysop brachten unsere Hexenvorfahren vor rund 3500 Jahren von Asien nach Europa. Bis ins 18. Jahrhundert wurde Ysop als reinigender und desinfizierender Zusatz in Heilbädern eingesetzt, aber auch – ähnlich wie Kümmel – um üppige und fette Gerichte bekömmlicher zu machen. Ysop ist sehr anspruchslos und deshalb kannst du ihn ohne großen Aufwand im Garten oder Blumentopf selbst ziehen. Ysop kaufst du am besten als junge Pflanze, dann kannst du das ganze Jahr die Blätter und jungen Triebe ernten.

Bei diesen Erkrankungen setzt du Ysop ein

Ysop enthält ätherische Öle, die desinfizierend wirken und die Verdauung anregen. Er stärkt das Immunsystem und hilft sehr gut gegen hartnäckigen Husten.

Ein Ysop-Tee gegen hartnäckigen Husten

Für den Tee gibst du einen Teelöffel getrocknetes oder einen halben Teelöffel frisches Kraut in eine Tasse und füllst sie mit kochendem Wasser. Lass den Tee nun fünf Minuten abgedeckt ziehen, siebe das Kraut sorgfältig heraus und trinke vom lauwarmen Tee täglich zwei Tassen. Wenn dir der Ysop-Tee zu bitter schmeckt, kannst du ihn natürlich mit etwas Honig süßen.

Ein Ysop-Quark zur Stärkung des Immunsystems

Für den Ysop-Quark hackst du einen Esslöffel des frischen Krautes sehr fein und mischst es danach unter 250 Gramm Quark. Würze den Quark nun mit Salz und etwas Pfeffer – nach Geschmack auch mit einer Messerspitze scharfem Paprikapulver. Noch schmackhafter und gesünder wird der Quark übrigens, wenn du zwei Teelöffel fein gehackten Schnittlauch darunter mischst.

Zitronenblatt

Botanischer Name: *Aloysia triphylla*

Andere Namen: Zitronenkraut, Zitronenverbene

Das musst du über das Zitronenblatt wissen

Das Zitronenblatt stammt ursprünglich aus Südamerika, von wo es wahrscheinlich im späten Mittelalter nach Europa kam. Hier wurde es wegen seiner Heilkräfte bald berühmt und blieb bis ins 16. Jahrhundert eine seltene und sehr teure Pflanze, die sich nur reiche Leute leisten konnten.

Das Zitronenblatt kannst du zwar selbst in einem Topf ziehen, leider ist das aber sehr aufwändig, und die Pflanze ist obendrein anfällig für verschiedene Blattkrankheiten. Deshalb ist es einfacher, die getrockneten Blätter im Gewürzhandel oder in der Apotheke zu kaufen.

Bei diesen Erkrankungen setzt du das Zitronenblatt ein

Das Zitronenblatt enthält verschiedene ätherische Öle, die ihm seinen typischen Zitronengeruch verleihen. Die Öle wirken entspannend und krampflösend, was besonders bei Menstruationsbeschwerden sehr hilfreich ist. Aber auch bei Verdauungsproblemen und Blähungen hilft das Zitronenblatt sehr gut.

Ein Zitronenblatt-Tee gegen Bauchkrämpfe und Menstruationsbeschwerden

Für den Zitronenblatt-Tee zerdrückst du ein getrocknetes Blatt und gibst es in eine Tasse. Gib nun kochendes Wasser hinzu, rühre den Tee um und lass ihn fünf Minuten abgedeckt ziehen. Dann siebst du das Blatt heraus. Trinke täglich drei Tassen lauwarmen Tee. Übrigens: Auch ohne Beschwerden kannst du den Zitronenblatt-Tee natürlich genießen. Für einen sehr erfrischenden Sommerdrink stellst du den Tee einfach in den Kühlschrank und gibst vor dem Trinken einen Eiswürfel und etwas Zucker dazu. →

Ein Zitronenblatt-Bad zur Entspannung

Wenn du wirklich gestresst und verspannt bist, wirkt ein Zitronenblatt-Bad wahre Wunder! Dazu zerreibst du fünf bis sechs getrocknete Zitronenblätter und gibst sie in einen Topf. Fülle nun einen Liter kochendes Wasser hinzu, rühre den Aufguss gut um und lass ihn zehn Minuten abgedeckt ziehen. Dann siebst du die Blätter ab und gibst den Aufguss ins heiße Badewasser. Genieße dein Entspannungsbad 20 Minuten lang.

Zwiebel

Botanischer Name: *Allium cepa*

Andere Namen: Böllen, Gartenzwiebel, Sommerzwiebel, Zipollen

Das musst du über die Zwiebel wissen

Die Zwiebel ist eines unserer ältesten Lebensmittel und Hexenkräuter zugleich. Viele Menschen mögen sie nicht, denn ihr scharfer Saft lässt die Augen tränen, und angeblich bekommt man vom Zwiebelgenuss einen schlechten Körpergeruch. Das stimmt jedoch nicht, da die Zwiebel selbst keinen Geruch verursacht! Erst in Verbindung mit anderen Stoffen, wie etwa Milch, Käse oder Alkohol, erzeugen die Bakterien, die unseren Schweiß auf der Haut zersetzen, den gefürchteten „Zwiebelgeruch". Wer sich regelmäßig duscht und nach jedem Essen eine Zahnbürste benutzt, der wird nicht nach Zwiebeln riechen!

Zwiebeln sind völlig anspruchslose Pflanzen, die so gut wie überall wachsen. Du kannst sie deshalb sowohl im Garten als auch im Topf ziehen und ernten. Am einfachsten ist es natürlich, wenn du Zwiebeln auf dem Markt kaufst, wo es mehrere unterschiedliche Sorten gibt. Die kleinere herkömmliche Zwiebel ist relativ scharf. Sie enthält aber auch die meisten der heilsamen Wirkstoffe. Ich rate dir deshalb zu dieser Sorte. Die etwas größere Gemüsezwiebel wird manchmal auch Metzgerzwiebel genannt und ist ein wenig milder. Rote und weiße Zwiebeln sind meist sehr mild, und die Schalotte schließlich, die so genannte „Edelzwiebel", hat zwar einen sehr feinen und milden Geschmack, allerdings auch nur sehr wenig wirksame Inhaltsstoffe.

Bei diesen Erkrankungen setzt du die Zwiebel ein

Schon unsere keltischen Hexenvorfahren wussten, dass die Zwiebel eine wundervolle Pflanze und ein echtes Allheilmittel ist. In ihr schlummern ätherische Öle und andere Inhaltsstoffe, mit denen sich zum Beispiel Erkältungen sehr gut bekämpfen lassen. Die Zwiebel wirkt zudem desinfizierend, hilft bei Heiserkeit und mildert kleine Verbrennungen und auch große Insektenstiche.

Ein Zwiebel-Honig bei sehr starkem Husten

Wenn du einen starken und hartnäckigen Husten hast, wirkt dieser Honig sehr schnell und gut – er braucht allerdings ein wenig Geduld bei der Herstellung! Deshalb ist es auch sinnvoll, wenn du ihn schon vor der typischen Erkältungszeit zubereitest.

Für den Zwiebel-Honig schneidest du drei Zwiebeln in nicht zu feine Würfel und gibst sie in einen Topf. Nun fügst du 500 Gramm Honig hinzu und erhitzt den Topf langsam und vorsichtig, bis der Honig etwa 40 Grad Celsius erreicht hat und flüssig ist. Zur Kontrolle der Temperatur kannst du übrigens ein Fieberthermometer benutzen. Achte nun darauf, dass der Honig keinesfalls mehr als 41 Grad Celsius warm wird und halte diese Temperatur 20 Minuten lang. Danach ziehst du den Topf vom Feuer und füllst den warmen Honig in ein Glas, das du fest verschließt. Nun kommt der langwierigste Teil der Herstellung – du musst den Honig jetzt nämlich drei Wochen lang an einem dunklen, kühlen Platz (nicht im Kühlschrank!) ziehen und reifen lassen. Hat der Husten dich dann tatsächlich erwischt, nimmst du bei jedem Hustenanfall einen Teelöffel von dem Honig und lässt ihn langsam im Mund zergehen. Die Zwiebeln kannst du dabei mitessen, musst es aber nicht.

Ein Zwiebel-Umschlag bei Verbrennungen und Insektenstichen

Hast du zu lange in der Sonne gelegen und dir einen Sonnenbrand geholt, kannst du dir mit einem Zwiebel-Umschlag sehr gut helfen. Der Zwiebel-Umschlag wirkt aber auch bei Insektenstichen, wobei du dafür natürlich etwas weniger Zwiebeln brauchst. Für den Zwiebel-Umschlag hackst du drei bis vier Zwiebeln sehr fein – es soll fast schon ein Mus dabei herauskommen. Dieses Mus schlägst du nun in ein möglichst dünnes Tuch ein und legst es für 20 Minuten auf die vom Sonnenbrand oder dem Insektenstich betroffene Körperstelle. Für einen einzelnen kleinen Insektenstich, der aber trotzdem stark juckt, brauchst du natürlich keinen Umschlag zu machen. Schäle einfach eine Zwiebel, schneide sie in der Hälfte durch und reibe mit der Schnittfläche fünf Minuten vorsichtig über den Stich.

So einfach kannst du deine eigenen Hexenkräuter anpflanzen

Wenn unsere Hexenvorfahren frische Kräuter und Pflanzen benötigten, gingen sie an die nur ihnen bekannten Stellen im Wald und ernteten sie dort.

Weil nicht alle Hexenkräuter an denselben Stellen wuchsen, mussten die Hexen oft große Strecken zurücklegen, was nicht ganz ungefährlich war. In den damals noch riesigen Wäldern lauerten nämlich nicht nur finstere Gestalten – im Mittelalter lebten dort auch Wölfe und Bären.

Zum Glück ist die Kräuterernte für uns moderne Hexen heute wesentlich leichter und vor allem ungefährlicher!

Welche Kräuter sollte ich immer griffbereit haben?

Statt in den Wald zu gehen, erntest du deine Kräuter heute im Garten oder auf dem Fensterbrett, wo du die wichtigsten der Heilpflanzen ganz einfach selbst anbauen kannst. Welche Kräuter das genau sind, entscheidest nur du selbst. In meinem kleinen Gewächshaus wachsen zum Beispiel immer frische Petersilie, Rosmarin, Basilikum, Salbei und Estragon sowie Kerbel, Brunnenkresse, Thymian und Pfefferminze.

Was ist besser: Selbst anpflanzen oder junge Pflanzen kaufen?

Das ist eine gute Frage, auf die es aber keine eindeutige Antwort gibt. Du kannst heute fast alle Kräuter als junge Pflanzen in kleinen Töpfchen kaufen. Das ist praktisch, denn du musst keine Blumenerde besorgen und die Arbeit des Pflanzens musst du dir auch nicht machen. Das Schönste daran ist aber, dass du die Kräuter sofort ernten kannst und nicht erst warten musst, bis die Pflanzen die richtige Größe erreicht haben. Einen Haken haben die vorgezogenen Pflanzen allerdings: Sie sind manchmal von schlechter Qualität. Außerdem sind die jungen Pflanzen meist schon über weite Strecken transportiert worden und haben dabei nicht immer ausreichend Licht und Wasser bekommen. Wenn mir ein bestimmtes Kraut einmal genau dann ausgeht, wenn ich es gerade brauche, dann besorge ich mir hin und wieder eine solche Jungpflanze. Ansonsten säe ich meine Kräuter lieber selbst aus und kann beobachten, wie sie langsam wachsen und gedeihen.

Kräuter pflanzen, pflegen und ernten ist ganz einfach!

Um deinen eigenen kleinen Hexenkräutergarten anzulegen, benötigst du nicht viel Platz. Du musst aber jeden Tag etwas Zeit für deine Pflanzen aufbringen! Das Wichtigste ist das richtige Pflanzen deiner Kräuter, was aber gar nicht schwer ist, wenn du einige Dinge beachtest.

Diese Dinge brauchst du

- Das Saatgut deiner Kräuter
- Einen kleinen Sack Blumenerde (auch Anzuchterde genannt)
- Ein eigenes kleines Blumentöpfchen und einen Untersetzer für jedes Kraut

Und so einfach säst du

Auf der Verpackung der Kräutersamen findest du immer auch eine kurze Anleitung, wie die jeweilige Pflanze ausgesät werden sollte. An diese Anleitung musst du dich natürlich halten!

Bei fast allen Kräutern füllst du das Töpfchen zuerst mit der Erde, drückst dann den Samen hinein und gießt etwas Wasser darüber. Manche Samen sind allerdings so klein, dass du sie erst „anziehen" musst. Das ist zum Beispiel bei der Petersilie so. Deren Samen gibst du zuerst in ein flaches Schälchen (zum Beispiel eine Untertasse), in das du nur eine ganz dünne Schicht Erde gefüllt hast. Erst wenn der Samen zu keimen beginnt, setzt du ihn ganz vorsichtig in das Töpfchen um.

Weil die frisch eingesetzten Samen noch sehr empfindlich sind, deckst du die Töpfchen am besten mit einer Klarsichtfolie ab und stellst sie an einen warmen, hellen Ort. Beobachte das Wachstum der Keimlinge jeden Tag und sorge dafür, dass sie immer genug Wasser haben! Sobald die kleinen Pflänzchen zu wachsen beginnen, kannst du die Folie wieder abnehmen.

Richtig ernten will gelernt sein!

Ob du es glaubst oder nicht: Die meisten Menschen wissen überhaupt nicht, wie man Kräuter richtig erntet! Sie zupfen und rupfen an den armen Pflänzchen herum, die danach aussehen, als hätten sie in einem Hagelsturm gestanden. Kein Wunder, dass solche Kräuter auch nicht sehr lange leben!

Zur Ernte brauchst du eine kleine Schere, mit der du die Zweige oder Blätter des Krautes vorsichtig abschneidest. Schneide dabei immer nur so viel ab, wie du auch tatsächlich verwendest. Obwohl fast alle Kräuter sehr schnell nachwachsen, benötigen sie nach der Ernte „Erholungspausen". Schneidest du zu viel von der Pflanze ab, wird sie sehr schnell sterben. Andererseits musst du ihr Wachstum auch steuern, denn sonst wird sie zu groß, und das verkürzt ihre Lebensdauer natürlich ebenfalls.

Beobachte deine Kräuter deshalb täglich – wenn du merkst, dass eine Pflanze sehr stark wächst, schneidest du sie zurück, auch wenn du das Kraut im Augenblick vielleicht gar nicht brauchst. Trockne es oder friere es ein – ein kleiner Vorrat schadet nie.

Wenn deine Kräuter „umziehen" müssen

Manche Kräuterpflanzen werden sehr alt und mit der Zeit immer größer. Rosmarin ist eine solche Pflanze. Irgendwann ist das Töpfchen zu klein, und deshalb muss er „umziehen". Der Fachausdruck dafür ist „umtopfen": Dabei setzt du die Pflanze in einen größeren Topf.
Das ist nicht besonders kompliziert, du musst aber sehr behutsam sein! Klopfe ein wenig an die Topfseiten – so löst sich der Wurzelballen der Pflanze leichter von dem Topf. Nun hebst du die Pflanze vorsichtig aus dem Topf und schüttelst die lockere Erde vom Wurzelballen ab. Fülle etwas Blumenerde in den neuen Topf, setze die Pflanze darauf und gib so viel Blumenerde hinzu, dass die Pflanze wieder fest und sicher steht. Drücke die Erde mit den Fingern etwas an und gieße die Pflanze. Nach ein bis zwei Tagen hat sich die Pflanze von ihrem Umzug erholt und kann ab jetzt auch wieder geerntet werden.

Wo du Kräuter und Samen kaufen kannst

Vielleicht hast du ja Glück und in deiner Stadt gibt es einen Gemüsemarkt – hier wirst du viele der wichtigsten Hexenkräuter kaufen können. Kräuter, die du dort nicht findest, kannst du in der Apotheke erstehen.

Natürlich kannst du viele der Kräuter und Pflanzen auch selber anbauen – die Samen dazu sind allerdings nicht immer ganz leicht zu finden.
Ich habe dir deshalb einige Adressen zusammengestellt, bei denen du die Samen, aber auch die Kräuter kaufen kannst.

Bio-Saatgut
Ulla Grall
Eulengasse 3
55288 Armsheim
Tel.: 0 67 34 – 96 03 79
Fax: 0 67 34 – 96 00 13
http://www.bio-saatgut.de
ulla.grall@bio-saatgut.de
(nur Saatgut)

Dreschflegel Saatgut GbR
Postfach 1213
37213 Witzenhausen
Tel.: 0 55 42 – 50 27 44
Fax: 0 55 42 – 50 27 58
http://www.dreschflegel-saatgut.de
dreschflegel@biologische-saaten.de

Arche Noah Schaugarten GmbH
Obere Straße 40
3553 Schiltern, Österreich
Tel.: *43 (0) 27 34 – 86 26 11
Fax: *43 (0) 27 34 – 86 27
http://www.arche-noah.at

Rühlemann's Kräuter & Duftpflanzen
(ehemals KRÄUTERZAUBER)
Auf dem Berg 2
27367 Horstedt
Tel.: 0 42 88 – 92 85 58
(Mo-Fr von 9 bis 12 Uhr)
Fax: 0 42 88 – 92 85 59
http://www.ruehlemanns.de
info@ruehlemanns.de

Kräuterey Lützel
Gabriele Lauber
Im Stillen Winkel 5
57271 Hilchenbach-Lützel
Tel.: 0 27 33 – 38 46
Fax: 0 27 33 – 1 26 79
http://www.kraeuterey.de
kraeuterey@aol.com
(nur vorgezogene Kräuter)

So trocknest du
Kräuter und Gewürze
richtig

Hast du Kräuter selbst geerntet oder frisch gekauft, musst du sie natürlich haltbar machen. Bei fast allen Kräutern bietet sich das Trocknen an, ein paar wenige solltest du einfrieren (das habe ich bei den entsprechenden Pflanzen immer angemerkt).

Vier Möglichkeiten, um Kräuter zu trocknen

Unsere Hexenvorfahren hängten die frischen Kräuter einfach auf und warteten, bis sie getrocknet waren. Das ging in einem trockenen Sommer noch ganz gut – sobald es aber etwas länger regnete, wurde das Kräutertrocknen zu einer mühseligen und langwierigen Beschäftigung. Wir haben es da natürlich viel einfacher, und schneller geht es bei uns heute auch.

Die traditionelle Methode

Am einfachsten ist es natürlich, die frischen Kräuter aufzuhängen und an der Luft trocknen zu lassen. Dazu bündelst du die Kräuter und hängst sie mit der Schnittfläche nach oben auf, zum Beispiel an eine Wäscheleine. Die Kräuter dürfen nicht feucht werden und müssen immer ein wenig von der Luft bewegt werden.

Moderne Hexen greifen zum Backofen...

Sehr viel schneller kannst du Kräuter im Backofen trocknen. Dazu legst du sie auf einem Backblech flach aus und stellst die Temperatur des Ofens auf maximal 50° C (die Tür darf nicht ganz verschlossen sein). Nach ein paar Stunden sind deine Kräuter getrocknet, und du kannst sie in kleinen verschließbaren Gläsern o. Ä. aufbewahren.

... zur Mikrowelle

Auch in der Mikrowelle kannst du deine Kräuter trocknen – allerdings musst du dir dazu die Gebrauchsanweisung des Geräts genau ansehen. Du solltest die Mikrowelle beim Trocknen nicht auf die höchste Stufe stellen, denn damit würdest du die Kräuter ja garen und nicht trocknen. Am besten machst du mit einigen Blättern Petersilie ein paar Probetrocknungen – dann weißt du, welche Stufe die richtige ist und wie lange das Gerät laufen muss.

... oder zum Trockenautomaten

Sicherlich die beste, aber leider auch die teuerste Möglichkeit, um Kräuter zu trocknen, ist ein Trocken- oder Dörrautomat. Solche Geräte kosten knapp 150,00 Euro – dafür lassen sich damit aber beispielsweise auch Früchte dörren.

Ein paar kleine Tipps aus meiner Hexenküche

Hexen waren zu allen Zeiten nicht nur gute Heilerinnen, sondern meist auch hervorragende Köchinnen, weil sie sich mit Kräutern und Gewürzen sehr gut auskannten.

Natürlich musst du deshalb nicht auch zur perfekten Köchin werden – ein paar kleine Tricks und Rezepte machen es dir aber einfacher, dein Kräuterwissen in der Küche umzusetzen. Dabei ist es natürlich egal, ob du mit deinen Hexenkräutern dich selber und andere Menschen behandeln willst oder einfach nur Spaß am Kochen und gesunden Essen hast.

Die schmecken einfach besser: Brühen aus der Hexenküche

Für viele Speisen brauchst du eine Brühe – entweder als Grundlage für eine Suppe oder als Garflüssigkeit für einen Braten oder ein anderes Gericht. Moderne Hexen haben es dabei natürlich viel einfacher als die Hexen des Mittelalters: Sie gehen einfach in den Supermarkt und kaufen eine Fertigbrühe.

Tja – also ehrlich gesagt tue ich das auch, allerdings nur im Notfall und dann nicht mit einem besonders guten Gefühl.

In allen fertigen Brühen stecken nämlich eine Menge ungesunder Sachen, wie etwa Farb- und Konservierungsstoffe, gehärtete Fette und Geschmacksverstärker. Das gilt übrigens auch für fast alle Fertiggerichte. Das, was eine solche Brühe wirklich ausmacht – das Gemüse, der Fisch etc. –, ist darin am allerwenigsten enthalten. In einer fertigen Gemüsebrühe sind das dann wenige Gramm, obendrein getrocknete Gemüseextrakte. Dass sich darin – wenn überhaupt – nur noch mikroskopisch kleine Spuren der so wertvollen Pflanzenstoffe befinden, ist natürlich klar!

Verstehe mich bitte nicht falsch – ich mag es auch gerne bequem, und ich freue mich, dass wir es heute so viel einfacher haben als die Menschen im Mittelalter! Ich habe aber einfach keine Lust, eine Menge Chemie in mich hineinzustopfen, wenn es auch einen anderen Weg gibt.

Wie gesagt: Natürlich verwende ich ab und zu auch solche Fertigprodukte, aber eben nur, wenn es nicht anders geht, ich es furchtbar eilig habe oder mein Kühlschrank und meine Vorratskammer einfach gähnend leer sind.

Das Schöne am Selbermachen von Brühen ist, dass du immer ganz genau weißt, was tatsächlich darin ist und wie es schmeckt. Und das Beste: Du kannst die Brühen, wenn sie abgekühlt sind, zum Beispiel in kleinen Eiswürfelfächern einfrieren und hast damit immer einen leckeren Vorrat zur Hand!

Noch ganz kurz ein Wort zum Würzen der Brühen:
Bei der Herstellung deiner eigenen Brühen verwendest du sowieso schon Salz und Pfeffer – großartig nachwürzen musst du also sicher nicht. Um aber eine andere Geschmacksnote zu erzielen, kannst du die Kräuter verwenden, aus denen du sonst einen Tee machen würdest.

Eine schnelle Gemüsebrühe

Mit einer Gemüsebrühe kannst du blitzschnell alles Mögliche zaubern – von der leckeren italienischen Minestrone bis zur würzigen Thai-Suppe.

Das brauchst du für 2 Liter Gemüsebrühe
- *1 Stange Lauch*
- *2 Möhren*
- *4 Knoblauchzehen*
- *2 Zwiebeln*
- *1 Petersilienwurzel*
- *2 Lorbeerblätter*
- *1 Bund Petersilie*
- *2 Esslöffel Olivenöl*
- *1 mittelgroße Kartoffel*
- *2 Stangen Staudensellerie*
- *1 Teelöffel schwarze Pfefferkörner*
- *1 Teelöffel getrockneter Thymian*
- *2 Esslöffel Zitronensaft*
- *1 Messerspitze getrockneter Majoran*
- *1 Teelöffel Salz*

Und so einfach stellst du die Brühe her
1. Zuerst wäschst und putzt du das Gemüse.
2. Dann schneidest du das Gemüse in grobe Stücke – die Zwiebeln viertelst du, den Knoblauch halbierst du.
3. Gib nun alle Zutaten, bis auf das Salz, in einen großen Topf und fülle drei Liter Wasser dazu. Bring das Wasser zum Kochen, gib das Salz hinzu und rühre die Brühe kurz um.
4. Nun reduzierst du die Hitze und lässt die Brühe im offenen Topf etwa 1,5 Stunden lang leicht köcheln.
5. Zum Schluss gießt du die Brühe durch ein feines Sieb in einen anderen Topf und servierst sie sofort oder lässt sie abkühlen und frierst sie dann ein.

Eine leckere Hühnerbrühe

Die Hühnerbrühe kannst du genauso vielseitig einsetzen wie die Gemüse-brühe – mit gekochten Nudeln darin wird sie sogar zur gehaltvollen Suppe! Sie macht zwar etwas mehr Arbeit als die Gemüsebrühe, dafür ist sie aber auch sättigender.

Das brauchst du für 2 Liter Hühnerbrühe
- *1 Suppenhuhn*
- *1 Zwiebel*
- *2 Gewürznelken*
- *1 Lorbeerblatt*
- *1-2 Teelöffel weiße Pfefferkörner*
- *1 Teelöffel Salz*
- *1 Bund Suppengrün (also eine Möhre, etwas Sellerie und ein kleiner Bund Petersilie)*

Und so einfach stellst du die Brühe her
1. Fülle drei Liter Wasser in einen großen Topf und bringe es zum Kochen. In der Zwischenzeit schälst du die Zwiebel und steckst die Nelken vorsichtig hinein.
2. Wenn das Wasser kocht, gibst du das Huhn, die Zwiebel, das Lorbeer-blatt und die Pfefferkörner in den Topf. Warte zwei Minuten, gib dann auch das Salz dazu und rühre einmal vorsichtig um.
3. Jetzt reduzierst du die Hitze und lässt die Brühe im offenen Topf etwa 1,5 Stunden lang leicht köcheln.
4. Putze nun das Suppengrün und gib es ebenfalls in den Topf.
5. Lass die Brühe eine weitere Stunde leicht köcheln und gieße sie danach durch ein feines Sieb in einen anderen Topf.
6. Warte, bis die Brühe völlig abgekühlt ist, und entfette sie dann. Dazu nimmst du das auf der Oberfläche schwimmende Fett mit einem Löffel ab. Wenn es schnell gehen muss und du die Brühe gleich auf den Tisch bringen willst, kannst du das Fett auch sehr vorsichtig mit einem Papierküchentuch von der Oberfläche abziehen.
7. Danach kannst du sie servieren oder abkühlen lassen und dann ein-frieren.

Eine schnelle Fischbrühe

Eine Fischbrühe ist ebenfalls etwas sehr Leckeres – sie passt natürlich auch als Vorspeise zu Fischgerichten.

Das brauchst du für 2 Liter Fischbrühe
- *1 kg Fischabschnitte, wie Köpfe und große Gräten von Kabeljau und Seelachs. (Diese Abschnitte bekommst du beim Fischhändler für wenig Geld, denn sie sind eigentlich Abfall, der beim Filetieren der Fische entsteht. Achte aber darauf, dass die Fischabschnitte wirklich frisch sind!)*
- *1 Zwiebel*
- *2 Knoblauchzehen*
- *1 unbehandelte Zitrone*
- *1 Teelöffel Salz*
- *1-2 Teelöffel weiße Pfefferkörner*
- *1 Lorbeerblatt*

Und so einfach stellst du die Brühe her
1. Zuerst wäschst du die Fischabschnitte sehr gründlich unter fließendem kalten Wasser. Achte darauf, dass du die Kiemen und alle Kiemenreste gründlich entfernst.
2. Schäle die Zwiebel und die Knoblauchzehen und halbiere sie. Die Zitrone wäschst du unter heißem Wasser gründlich ab und schneidest sie in Scheiben.
3. Gib nun die Fischabschnitte und alle anderen Zutaten in einen großen Topf, fülle drei Liter Wasser hinein und decke den Topf zu.
4. Bringe das Wasser zum Kochen. Sobald es kocht, nimmst du den Deckel ab und reduzierst die Hitze.
5. Lass die Brühe nun noch 20 bis 25 Minuten bei geringer Hitze köcheln und schöpfe ab und zu den entstehenden Schaum ab.
6. Zum Schluss gießt du die Brühe durch ein feines Sieb in einen anderen Topf und kannst sie sofort servieren oder abkühlen lassen und dann einfrieren.

Meine eigenen Kräuter und Anwendungen:

Bibliografische Information Der Deutschen Bibliothek
Die Deutsche Bibliothek verzeichnet diese Publikation in der Deutschen
Nationalbibliografie; detaillierte bibliografische Daten sind im Internet
über http://dnb.ddb.de abrufbar.

Redaktion: Alexandra Panz
Lektorat: Christina Fries
Produktion: Susanne Beeh
Umschlagsgestaltung: Sens, Köln
Layout und Satz: so.wie?so!, Köln / Karen Kühne, Köln

ISBN 3-8025-3278-3

Besuchen Sie unsere Homepage:
www.vgs.de

Maja Sonderbergh
**DAS BUCH
DER SCHATTEN**
112 Seiten · ISBN 3-8025-2850-6

Maja Sonderbergh
**DAS BUCH
DER ZAUBERTRÄNKE**
Die wirksamsten Rezepturen und
magischen Sprüche
112 Seiten · ISBN 3-8025-2952-9

Maja Sonderbergh
**DAS BUCH
DER ZAUBERSPRÜCHE**
112 Seiten · ISBN 3-8025-2493-4

Maja Sonderbergh
HEXENAKADEMIE
Bist du bereit? Prüfe dein Wissen!
128 Seiten · ISBN 3-8025-2954-5

Maja Sonderbergh
**DAS GEHEIME
HEXENORAKEL**
aus dem Buch der Schatten
112 Seiten · ISBN 3-8025-3222-8

UNSERER
BIBLIOTHEK

Maja Sonderbergh
DAS MAGISCHE JAHR
Der immer während Hexenkalender
Seiten · ISBN 3-8025-3279-1

Maria May
ZAUBERPOWER
Magische Hexentipps
112 Seiten · ISBN 3-8025-1451-3

Maria May
HANDLESEN FÜR HEXEN
Seiten · ISBN 3-8025-2953-7

Maria May
ASTROTIPPS FÜR HEXEN
Was die Sterne über dich und
deine Zukunft verraten
112 Seiten · ISBN 3-8025-1490-4

Tamara Morgenstern
MIT ENGELN LEBEN
So findet jeder seinen
Wächter des Lichts
112 Seiten · ISBN 3-8025-3277-5

www.**vgs**.de

UNSERER
REIHE"

rin Schramm
ZAUBERHAFTE
HEXENSPRÜCHE
..be, Glück und Freundschaft
.. Seiten · ISBN 3-8025-2733-X

Tamara Morgenstern
GEHEIME LIEBESZAUBER
Verschollene Kapitel aus dem
Buch der Schatten
128 Seiten · ISBN 3-8025-2567-1

..manda Craven
e-m@gic
..uberpower
..r E-Mail und SMS
.. Seiten · ISBN 3-8025-2876-X

Tabea Rosenzweig und Stefan Koenig
DAS BUCH DER DÄMONEN
Monster, Geister, Schattenwesen
176 Seiten · ISBN 3-8025-2900-6

www.**vgs**.de